2022 개정 수학 교과를 대비하는
스토리텔링 수학 교과서!

쉿!
신데렐라는
시계를 못 본대

초등 1·2학년 수학동화 시리즈 ❶
쉿! 신데렐라는 시계를 못 본대 (개정판)

4판 2쇄 발행 2025년 4월 17일

글쓴이 고자현
그린이 김명곤
수학놀이 한지연

펴낸이 이경민
펴낸곳 ㈜동아엠앤비
출판등록 2014년 3월 28일(제25100-2014-000025호)
주소 (03972) 서울특별시 마포구 월드컵북로 22길 21, 2층
홈페이지 www.moongchibooks.com
전화 (편집) 02-392-6901 (마케팅) 02-392-6900
팩스 02-392-6902
전자우편 damnb0401@naver.com
SNS

© 고자현, 김명곤

ISBN 979-11-6363-751-6 (74410)
     979-11-6363-749-3 (세트)

※ 책 가격은 뒤표지에 있습니다.
※ 잘못된 책은 구입한 곳에서 바꿔 드립니다.

도서출판 뭉치는 ㈜동아엠앤비의 어린이 출판 브랜드로, 아이들의 지식을 단단하게 만들어 주고, 아이들의 창의력과 사고력을 키워 주어 우리 자녀들이 융합형 창의 사고 뭉치로 성장할 수 있도록 좋은 책을 만들겠습니다.

추천사

수학이 재미있는 이야기로 꾸며진다면 어떨까요? 매일 동화책을 읽듯이 수학 공부를 하면 참 재미있을 거예요. 사람들은 대부분 '수학' 하면 더하기, 빼기, 곱하기 같은 계산을 떠올리지만, 사실 수학은 우리들의 일상생활 속에서 시작되었어요. 아주 오랜 옛날부터 사람들은 물건을 세거나 계산해야 할 일이 생겨났거든요. 또 내가 기르는 양이 몇 마리인지, 수확한 사과가 몇 개인지 알아보려면 수가 필요했지요. 이렇게 해서 생겨난 것이 수학이랍니다.

수학은 사람들의 호기심에서 시작되었기 때문에 수학에는 많은 이야기가 숨어 있어요. 사실 수학을 빼고 나면 "떡 하나 주면 안 잡아 먹지!"라고 하는 『해님 달님』 동화도 읽을 수 없고, "십 리도 못 가서 발병 난다."고 하는 '아리랑' 노래도 부를 수 없어요. 피라미드의 높이를 잰 것도, 지구의 둘레를 잴 수 있었던 것도 바로 수학이 있었기 때문이지요. 이야기 속에 어떤 수학이 숨어 있나 찾아보는 것도 즐거운 수학 공부가 될 수 있어요.

이야기를 통해 수학을 배우면 배운 내용을 쉽게 그리고 오래 기억할 수 있어요. 지금보다 여러분이 더 어렸을 적 엄마 아빠가 들려준 이야기처럼 말이지요. 이

책을 읽다 보면 가끔은 이해가 되지 않는 부분도 있을 거예요. 하지만 걱정하지 말고 그냥 지나쳐도 괜찮아요. 아직은 배우지 않았지만 곧 학교에서 배우게 될 거니까요. 그때 지금 읽었던 이야기가 여러분 머릿속에 번쩍하며 떠오를 겁니다.

애완견 '와리'와 '이야기 속 주인공'들이 함께하는 재미있는 수학 탐험으로 여러분을 초대합니다.

그동안 수학이 더하기, 빼기 같은 계산만 있다고 생각하였다면, 이젠 이야기 속 주인공들과 함께 수학이 어디에 쓰이는지, 수학이 왜 필요한지 이야기를 통해 자연스럽게 알게 될 거예요. 이 책을 읽는 어린이 여러분은 '혹부리 영감, 도깨비 방망이'와 동화 속 이야기가 그러하듯이 수학동화 시리즈 속의 이야기를 통해 자유롭게 상상하고 맘껏 즐기길 바랍니다. 수학은 여러분이 생각하는 것보다 훨씬 재미있고 흥미진진합니다. 그러다 보면 어느새 수학은 재미없는 계산 문제가 아니라 호기심 가득한 신 나는 '장난감'이 될 거예요.

서울노일초등학교 교사 김남준
(초등학교 1~2학년군 수학① 집필진, 전국수학교사모임 초등국 국장)

작가의 말

'신데렐라와 백설공주 중에 누가 더 예쁠까? 성격이 못된 공주는 없을까? 피노키오는 코가 얼마나 길어질 때까지 거짓말을 해 봤을까?'

동화책을 보며 이런 상상을 한 적이 있나요? 또 만약 동화 주인공들이 모두 모인다면 과연 어떤 일이 벌어질까 하는 상상도요. 그런데 정말 그런 곳이 있대요! 믿을 수 없다고요? 그럼 내 친구가 겪었던 이야기를 들려줄게요.

우리 옆집에는 말썽쟁이 강아지 와리가 살아요. 와리는 우연히 '이상한 학교'에 가게 됐는데 거기가 글쎄, 동화 속 주인공들이 다니는 학교였대요. 와리 얘기를 들어 보니, 일곱 난쟁이들은 길이를 잴 줄 몰라서 백설공주의 침대를 만드느라 진땀 뺐고, 신데렐라는 시계를 볼 줄 몰라서 유리 구두를 잃어버렸던 거래요. 개구리 왕자는 걸리버에게 맞는 배를 만들어 주려고 나무 길이를 계산했고, 토끼는 달리기 시합에서 거북을 아슬아슬하게 이기려고 거북이 달리는 시간을 계산했대요. 그리고 와리는 많은 동화 주인공들과 친구가 되었대요.

더욱 놀라운 건, 동화 주인공들과 신 나게 어울렸을 뿐인데 초등학교

1~2학년군 수학 교과서에 나오는 비교하기, 길이 재기, 시계 보기에 대해서도 저절로 알게 되었대요. 시계도 척척 읽고 길이도 정확히 재더라니까요. 정말 신기하죠?

　수학도 명작 동화처럼 상상의 세계예요. 지금은 너무나 당연하게 쓰는 숫자나 도형도 아주 먼 옛날, 이런 게 있다면 어떨까 하는 상상에서 출발해 지금에 이르게 되었거든요. 상상이라는 날개를 달고 와리의 이야기를 잘 따라가다 보면, 여러분도 명작 동화와 만난 수학 나라 여행을 무사히 마칠 수 있을 거예요.

　자, 그럼 지금부터 와리에게 무슨 일이 있었는지 자세히 얘기해 줄 테니까, 잘 들어 봐요!

　들쑥날쑥한 와리의 이야기를 전할 때, 수학적인 내용이 틀리지 않았는지 살펴봐 주신 김현실 선생님, 정연숙 선생님께 감사의 마음을 전합니다.

동화 작가 **고자현**

엄마를 위한 새 수학 교과서 소개

예전의 수학 교과서는 공식과 문제 풀이 위주의 딱딱한 내용들로 가득 차 있었습니다. 하지만 아이들이 이렇게 수학을 공부하면 금세 흥미를 잃고 배운 내용도 잊어버리고 말지요. 그래서 2012년 1월, 교육과학기술부에서는 수학 교과서의 구성을 스토리텔링으로 바꾸겠다고 발표했습니다.

스토리텔링 수학은 수학 내용과 관련 있는 소재와 상황 등을 동화로 꾸며 쉽고 재미있게 배우는 수학 학습법입니다. 또한 2015 개정 교육과정이 적용된 수학 교과서는 형식은 스토리텔링 수학을, 내용에서는 실생활 연계 통합교과형(STEAM) 수학을 보여주었습니다. 또한 학습 내용을 기존 교과서보다 20%나 줄이고 쉽게 조정하는 대신 다양한 교구를 활용한 활동을 늘렸습니다. 수학을 놀이처럼 즐기면서 자연스럽게 수학 학습을 할 수 있도록 하였습니다.

한편 2022 개정 교육과정에서 초중등 수학의 목표는 '초등과 중등의 연계성 강화'입니다. 이를 위해 교과 영역을 통합하고 과정을 간소화합니다. 즉 크게 수와 연산, 변화와 관계, 도형과 측정, 자료와 가능성 등 4개 영역으로 통합하였습니다.

그렇지만 여전히 단원 시작은 스토리텔링을 통해 학생들의 호기심과 흥미를 유발합니다. 또한 수학 교과서가 검정으로 바뀐 뒤 학교마다 다른 교과서를 사용하지만 학년별로 알아야 할 수학 성취 기준 내용은 공통입니다.

〈초등 1·2학년 수학동화〉 시리즈는 이러한 수학 교육의 변화에 맞춘 학습 동화입니다. 아이들에게 익숙한 명작 동화와 전래 동화 이야기로 학습 내용을 구성하여 자연스럽게 수학 지식을 익히도록 하였습니다. 책 속 부록인 〈개념이 쏙쏙 들어오는 엄마표 수학 놀이〉는 교과서에 첨가된 체험 및 놀이 영역을 반영하여 가정에서 부모님이 아이들과 함께 재미있는 놀이로 책을 통해 배운 내용을 복습할 수 있게 구성되어 있습니다.

전래 동화와 명작 동화 속 주인공들이 펼치는 신 나는 모험 이야기를 따라가다 보면 아이들은 어느새 새로운 수학 개념과 문제 해결 방법을 깨닫게 되는 경험을 하게 될 것입니다.

편집부

명작 동화도 함께 읽어 보세요

『이상한 나라의 앨리스』는 1865년 루이스 캐럴이 발표한 동화예요. 앨리스라는 소녀가 이상한 나라를 여행하면서 겪는 신기하고 이상한 일들을 그렸어요. 앨리스는 회중시계를 꺼내 보는 토끼를 따라간 곳에서 우습고 재미있는 사건들과 맞닥뜨려요. 몸이 커졌다 작아지고 담배를 피우는 애벌레나 체셔 고양이 같은 희한한 동물도 만나요. 마구 사형 선고를 내리는 무서운 여왕과 함께 크로케 경기도 하고, 재판에 참석하기도 해요. 개성 넘치는 캐릭터와 기발한 상상력 때문에 지금까지도 사랑받는 어린이 문학 작품이에요.

『백설공주』는 독일의 그림형제가 동화집(1812~1857)에 수록한 이래 전 세계 어린이들에게 널리 사랑받는 옛 이야기예요. 백설공주는 눈처럼 하얀 피부를 가진 아름다운 공주예요. 백설공주의 아름다움을 질투한 새 왕비가 사냥꾼에게 공주를 죽이라고 시켰지만, 백설공주는 깊은 숲속에 사는 일곱 난쟁이들과 함께 살게 돼요. 왕비는 백설공주가 살아 있는 것을 알고 직접 찾아가 독이 든 사과를 먹였어요. 하지만 백설공주는 왕자님의 키스에 다시 살아났고, 왕자님과 함께 행복하게 살았답니다.

『걸리버 여행기』는 영국의 작가 조나단 스위프트가 1726년에 쓴 풍자 소설이에요. 걸리버는 항해 중에 배가 부서져 '소인국, 대인국, 하늘을 나는 섬나라, 말의 나라' 등에 표류하면서 기이한 경험을 하게 돼요. 우리나라에서는 첫 두 권인 소인국과 대인국 편이 아동 소설로 소개되어 인기를 끌었어요. 하지만 원작은 총 4부작으로, 18세기 영국의 현실을 강하게 비판하는 내용이랍니다. 어린이에게는 무한한 상상력과 모험심을, 어른에게는 인간 사회의 부패와 탐욕에 대해 일깨워 주는 작품이에요.

『신데렐라』는 유럽에서 전해 오던 이야기로, 프랑스의 동화 작가 샤를 페로가 1697년에 처음 기록으로 남겼어요. 신데렐라는 '재를 뒤집어쓰다'라는 뜻이에요. 새엄마와 언니들의 구박 때문에 항상 힘든 집안일을 해야 했거든요. 어느 날 왕궁에서 무도회가 열리자, 요정이 마법을 부려 신데렐라도 갈 수 있게 도와주었어요. 단, 12시가 되면 마법이 풀린다고 했죠. 무도회에서 왕자님은 신데렐라에게 첫눈에 반했어요. 12시가 되어 급히 돌아가던 신데렐라는 유리구두 한 짝을 잃어버렸어요. 왕자님은 신데렐라를 찾아 내, 사랑을 이룰 수 있을까요?

『토끼와 거북』은 『이솝우화』에 나오는 이야기예요. 『이솝우화』는 고대 그리스에 살았던 이솝이 지은 우화 모음집이고요. 옛날에 토끼와 거북이 살았어요. 토끼가 거북을 느림보라고 놀려대자, 거북은 토끼에게 달리기 경주를 제안했어요. 경주를 시작한 토끼는 거북이 한참 뒤진 것을 보고 자만하여 중간에 낮잠을 잤어요. 그러나 거북은 쉬지 않고 계속 달려 경주에서 이겼답니다. '꾸준히 노력하는 자가 승리한다'는 교훈이 담겨 있어요.

이상한 학교 친구들을 소개합니다

와리 활달하고 명랑해서 재밌는 장난을 좋아해. 사람들은 내가 까불까불한 사고뭉치라며 혀를 끌끌 차지만, 단짝이었던 시우가 학교라는 데에 입학하면서부터 나랑 잘 안 놀아 줘. 학교가 그렇게 재미난 곳이야?

앨리스 호기심 많은 소녀야. 지루한 건 딱 싫어. 회중시계를 든 토끼를 쫓아갔다가 정말 멋진 곳을 발견했지 뭐야. 새롭고 신 나는 일이 벌어질 것 같아!

토끼 『이상한 나라의 앨리스』와 『토끼와 거북』에 나와. 영리하고 똑똑한 건데, 와리는 나보고 '건방진 토끼'래. 이상한 학교에 데려가 줬더니만, 쩝.

백설공주 사람들이 난 백치미가 매력이래. 백치미가 뭐야? 예쁘다는 뜻이지? 유일한 취미는 거울과 대화하기야. 거울아, 거울아, 이 세상에서 누가 제일 예쁘니? 호호호.

일곱난쟁이 아름다운 백설공주님이 정말 좋아. 공주님에게 꼭 맞는 침대를 만들어 드릴 거야.

시우 이제 막 초등학교에 입학했어. 새로 친구를 사귀고 공부하는 게 정말 즐거워. 애완견 와리와는 어렸을 때나 같이 놀았지. 이제 난 할 일이 많은 초등학생이라고!

거북 달리기 시합을 위해 1년 동안 열심히 연습했어. 느릿느릿해도 열심히 노력하면 토끼를 이길 수 있을 거야.

차례

추천사 4
작가의 말 6
엄마를 위한 새 수학 교과서 소개 8
명작동화 및 등장인물 소개 10

이상한 학교에 가다 16
길이, 높이, 무게, 넓이
비교하기

이야기 하나

이야기 둘

**백설공주 키 재기는
너무 어려워!** 34
자를 이용해 길이 재기
cm와 m 알기

걸리버를 위한 길이 계산하기 대작전 50
길이의 합과 차 구하기

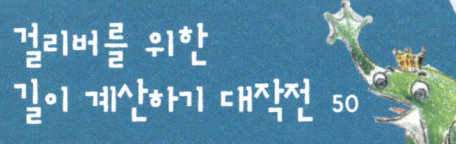

이야기 셋

쉿! 신데렐라는 시계를 못 본대 66
시계를 보고 바르게 읽기

이야기 넷

거북을 이기고 싶은 토끼 84
시간 계산하기

이야기 다섯

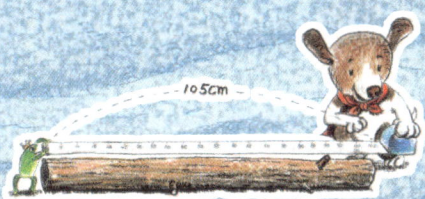

●책 속 부록●

개념이 쏙쏙 들어오는 엄마표 수학놀이 104
▶ 홈스쿨링 전문가 중현맘이 추천하는 수학놀이로 개념과 원리를 다져요!

수학놀이 1 뱀뱀아, 네 키는 몇 센티미터야?
수학놀이 2 높은 성 어디까지 쌓을 수 있을까?
수학놀이 3 내 손이 자가 되었어요!
수학놀이 4 크다고 몸무게가 많이 나가요?
수학놀이 5 긴바늘이 4에 있으면 4분 아니에요?
수학놀이 6 1시간 20분은 120분이에요?

이야기 하나

이상한 학교에 가다

비교하기

나는 강아지 '와리'. 가족들에게 사랑받는 애완견이다. 그런데 시우가 학교에 다니기 시작하면서 상황이 달라졌다.

"왈, 왈왈!(시우야, 같이 놀자!)"

"안 돼. 나 숙제해야 해."

"왈왈왈! 왈왈!(방 어지르기 놀이가 얼마나 재밌는데! 너도 알잖아!)"

"야, 내가 너처럼 한가한 줄 알아? 저리 가! 이 똥개야!"

쿠구구궁! 똥…… 똥개? 시우가! 나한테! 어떻게 이럴 수가 있지!

시우는 요즘 입만 열면 '학교가 어쩌고저쩌고……', '오늘 학교에서 친구들이랑 어쩌고저쩌고……' 하면서 신 나게 떠든다.

'학교가 그렇게 재밌나? 나랑 노는 것보다 더?'

오늘 아침 나는 시우를 따라나섰다. 들키지 않게 몸을 샥샥 숨기면서. 시우가 공부하는 곳은 1학년 3반이었다. 시우는 초롱초롱한 눈망울로 선생님 말씀을 잘 따라했다. 친구들에게도 인기가 많았

다. 시우가 즐거워 보일수록 나는 왠지 기운이 쭉 빠졌다.

바로 그때, 토끼를 만났다.

"이런. 이러다 학교에 늦겠는걸."

'학교에 간다고? 토끼가? 시우가 학교는 자기 같은 사람만 다니는 곳이라고 했는데…….'

토끼는 체크무늬 윗옷 주머니에서 시계를 꺼내 보더니 약속에 늦은 것처럼 깡충깡충 뛰기 시작했다. 운동장 구석에 있는 정글짐 쪽으로 가는 듯했다.

"너 학교 다닌다는 거, 거짓말이지? 아님 나도 데려가 보든가."

"풉! 아무나 갈 수 있는 데가 아니거든? 집에 가서 소시지나 얻어먹으시지!"

토끼는 씩 웃더니, 미로같이 생긴 정글짐으로 쏙 들어가 버렸다.

'뭐야! 쫓아가서 똥침 한 방 놔야겠다!'

오기가 발동한 나는 토끼를 따라 정글짐으로 폴짝 뛰었다. 그런데 그 순간, 정말 이상한 일이 벌어졌다. 마치 누군가가 발을 잡고 쑤욱 잡아당기는 느낌이었다. 그러더니 끝도 없이 깊은 소용돌이로 빨려 들어갔다.

"이건 평범한 정글짐이 아니잖아! 으아아악!"

"아얏! 내 엉덩이!"

정글짐에 끌려 들어오자마자 누군가 내 엉덩이를 발로 뻥 찼다. 나는 나도 모르게 송곳니를 보이며 으르렁거렸다.

"꺄악! 물지 마! 미안, 미안. 난 앨리스야. 언니랑 놀고 있었는데, 토끼가 굉장히 멋진 시계를 들고 가잖아. 하도 이상하고 신기해서 따라와 봤어. 난 궁금한 건 절대 못 참거든. 그런데 넌 누구야? 토끼의 애완견인가?"

"아니야! 나도 토끼를 쫓아온 거라고. 난 와리라고 해."

"둘 다 호기심이 지나치게 많군. 모르는 사람, 아니 토끼를 무턱대고 따라오다니. 각오는 되어 있겠지?"

토끼는 여전히 건방진 말투였다.

"각오? 무슨 각오?"

"이제 너희에게 문제를 내겠다. 문제를 맞히면 학교에 갈 수 있지. 하지만 틀리면 평생 여기서 못 나갈 줄 알아!"

토끼의 빨간 눈이 무섭게 빛났다. 나는 문제 같은 걸 풀어 본 적이 없어 불안한데, 앨리스는 자신감이 넘쳤다.

"다 맞히면 되지. 어디 한번 문제를 내 봐!"

"시간이 없으니까 바로 첫 번째 문제를 내지. 저기 하트 모양 문이 보이지? 너희 둘의 키를 **비교** 해서

키가 더 큰 녀석이 먼저 저 문으로 들어가면 돼. 준비, 시작!"

"푸하핫! 그게 문제였어? 시우가 친구랑 하는 것처럼 **키**를 비교하면 바로 알 수 있잖아."

"키를 어떻게 비교하는데?"

앨리스는 내 말을 한번에 못 알아듣는 것 같았다.

"너랑 나랑 허리를 쭉 펴고 서서 누가 더 큰지 확인해 보면 돼!"

나는 앞발을 들고 몸을 쭉 펴서 앨리스 옆에 섰다.

"앨리스 네가 나보다 더 크다!"

키가 더 큰 앨리스가 먼저 문을 열고 들어가고, 뒤이어 내가 들어갔다. 하트 문으로 연결된 방은 아까 있던 곳보다 더 좁았다.

"하하하. 토끼 너, 갖은 폼은 다 잡더니, 문제가 너무 쉽잖아!"

"첫 번째는 누구나 풀 수 있는 쉬운 문제였어. 이번엔 정답 좀 알려 달라고 징징댈걸!"

"뭐든 내 보시지!"

토끼는 저 멀리 있는 두 개의 문을 가리키며 말했다.

"둘 중 **더 무거운** 녀석이 더 넓은 문으로, **더 가벼운** 녀석이 더 좁은 문으로 들어가면 된다. 아까도 말했지만 만약 틀리면 영영 이곳에 갇힐 거야. 자, 시작!"

건방진 토끼는 주머니에서 시계를 다시 꺼내더니 째깍째깍 시간을 쟀다.

"우리 둘 중에 누가 더 무거운지를 어떻게 알지?"

"당연히 네가 더 무겁겠지. 난 강아지니까."

"좀 더 확실히 비교해 봐야 해."

앨리스 말이 맞았다. 그때 마침 눈에 들어오는 것이 있었다.

"앨리스, 너 시소 타 본 적 있어?"

"응. 언니랑 타 봤어. 그런데 그건 왜?"

"시소를 타면 무거운 쪽이 밑으로 내려가고, 가벼운 쪽이 위로 올라가잖아."

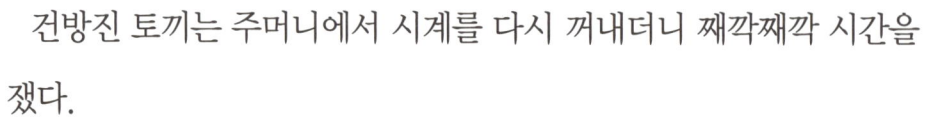

"맞아! 그렇지! 저걸 이용하자!"

우리는 재빨리 시소 양쪽에 앉았다. 처음에는 시소 양쪽이 번갈아 가며 올라갔다 내려갔다 했다. 그러더니 결국 내가 앉은 쪽이 올라가고, 앨리스가 앉은 쪽이 내려갔다.

"내 쪽이 올라갔어. 앨리스 네가 더 무겁다는 뜻이지!"

"시간 거의 다 됐어. 오! 사! 삼!"

갑자기 토끼가 재촉했다.

"와리야, 내가 더 넓은 문으로 들어갈게!"

"좋아. 나는 너보다 더 가벼우니까 더 좁은 문으로 들어갈게!"

나와 앨리스는 각자의 문으로 헐레벌떡 들어왔다.

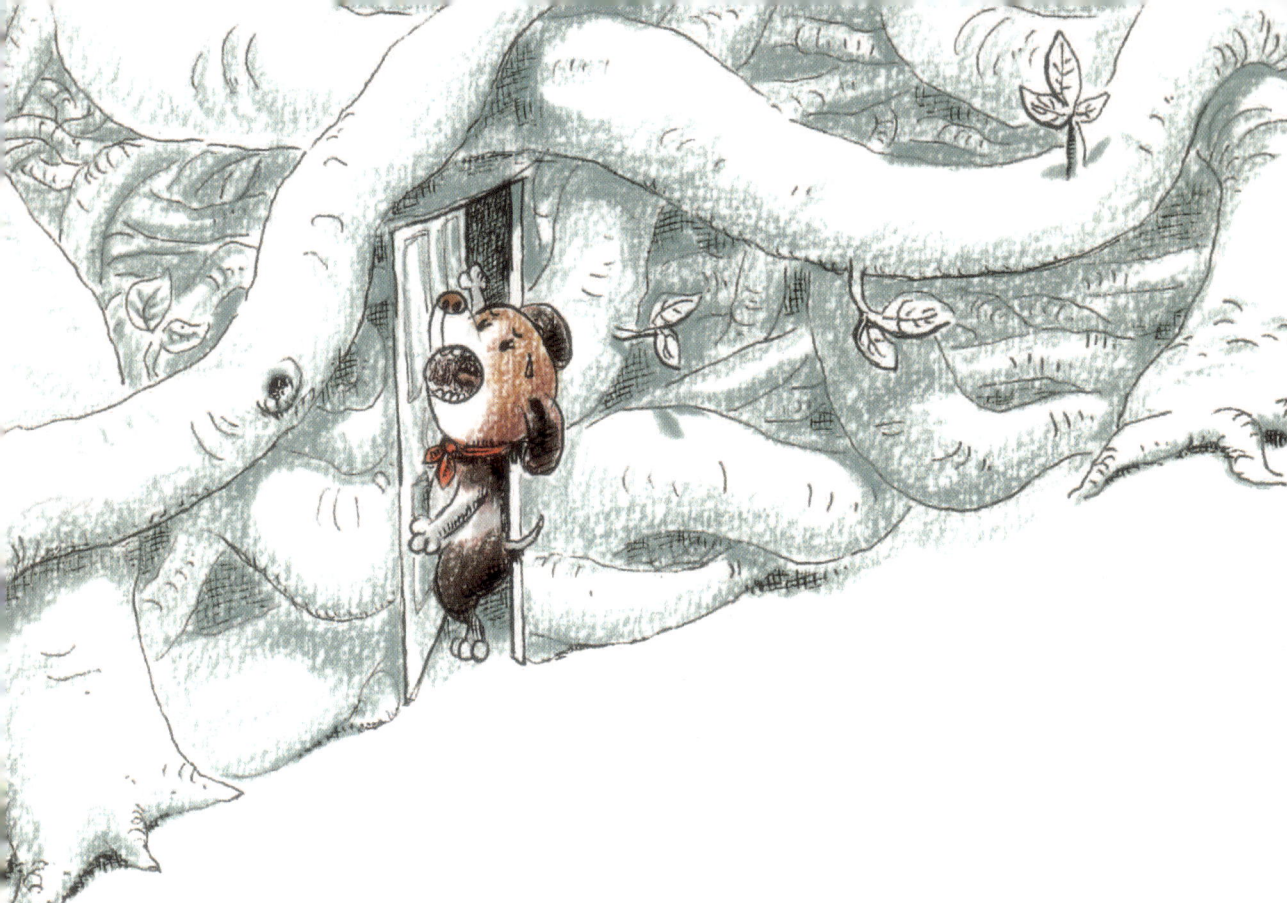

"이! 일! 통과! 이번에도 통과한 거 맞지?"

"시소를 이용해서 몸무게를 비교하다니. 너희들, 아주 바보는 아니구나? 어쨌든 너희는 모든 문제를 맞혔다."

"그럼 나도 학교에 다닐 수 있는 거야? 학교는 어떤 곳일까? 신기한 것도 많고 재밌는 일도 아주 많겠지? 정말 기대돼!"

앨리스는 폴짝폴짝 뛰며 기뻐했다. 나는 피식 웃음이 났다.

"에계, 학교 다니는 거 되게 쉽잖아!"

토끼는 짐짓 내 말을 못 들은 척했다. 그리고 표정을 진지하게 고

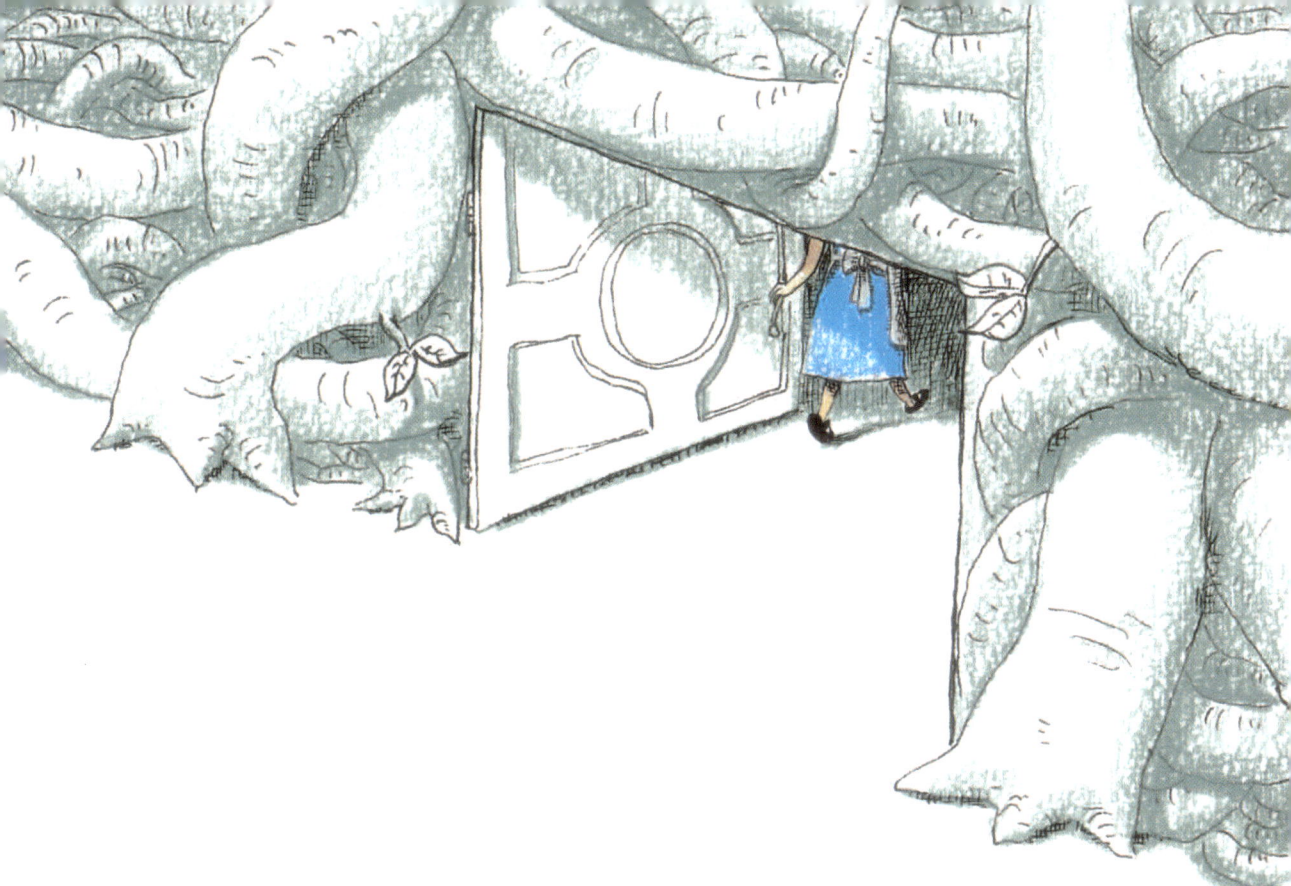

치고 목소리를 가다듬더니, 나지막이 말했다.

"이제부터는 친구를 사귀는 게 중요해. 친구가 많아야 학교생활이 즐겁지. 친구가 생길 때마다 그 친구는 너희에게 '절친스티커'를 줄 거야."

"절친스티커?"

"절친스티커가 많아질수록……."

"친구가 많아지는 거야!"

"그것뿐만 아니라 절친스티커가 많아질수록 많은 것을 배웠다는 뜻이기도 해."

"그건 또 무슨 말이야?"

"차차 알게 될 거야. 처음부터 다 알아 버리면 재미없잖아? 어쨌든 '이상한 학교'에 온 걸 환영한다!"

드디어 토끼가 으리으리하고 커다란 문을 활짝 열어젖혔다. 거기에는 처음 만났는데도 왠지 낯설지 않은 친구들이 많았다.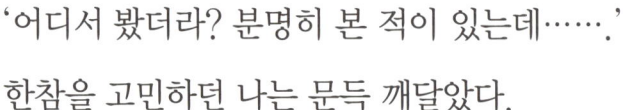

'어디서 봤더라? 분명히 본 적이 있는데……'

한참을 고민하던 나는 문득 깨달았다.

"모두들 시우 동화책에서 본 주인공들이잖아! 난쟁이에게 둘러싸여 있는 건 백설공주, 저기 인어공주도 있어! 저건 백조왕자, 저기 저 아이는 피노키오고, 눈의 여왕, 엄지공주, 장난감 병정까지……. 와! 정말 대단해!"

이제야 학교 이름이 왜 '이상한 학교'인지 대충 알 것 같았다. 여기는 동화 속 주인공들이 다니는 학교였다!

"어쩐지 이 학교가 좋아질 것만 같아!"

나는 저마다 개성이 다른 친구들과 찬찬히 인사를 나누었다.

피노키오는 코가 가장 길었다. 거짓말만 안 하면 짧아진다고 했다.

백설공주와 일곱 난쟁이들 중에 키가 가장 큰 건 백설공주였다.

뚱뚱한 마법사 할머니는 가장 무거워 보였고, 가장 가벼운 건 아마도 엄지공주일 거다.

집에 돌아왔지만 금방 또 이상한 학교에 가고 싶어졌어. 하지만 쉿! 시우에게는 비밀로 해야겠지? 동화 속 친구들이 다니는 학교에 간다고 하면 아마 따라오겠다고 난리일 거야. 그래도 시우에게는 절대로 알려 주지 않을 거다. 나한테 '똥개'라고 했으니까.

"나도 학교에 다닐 수 있게 되었다고!"

비교하기

둘이나 셋 이상의 물체를 비교할 수 있겠어?

길이를 비교할 때는 "길다, 짧다"로 말하면 돼.
높이를 비교할 때는 "높다, 낮다"로 말하면 돼.
키를 비교할 때는 키가 "크다, 작다"로 말하면 돼.
무게를 비교할 때는 "무겁다, 가볍다"로 말하면 돼.
넓이를 비교할 때는 "넓다, 좁다"로 말하면 돼.

마지막으로 셋 이상의 물체를 비교할 때는
"가장 길다, 가장 높다, 가장 크다, 가장 가볍다, 가장 좁다"
등으로 말하면 돼.

"**공**주님의 침대를 어떻게 만들지?"

"그냥 우리 침대 일곱 개를 붙여서 드릴까?"

"안 돼. 그럼 우리는 어디서 자? 또 공주님은 얼마나 불편하겠어!"

이상한 학교는 오늘따라 시끄러웠다. 일곱 난쟁이들이 백설공주에게 새 침대를 선물해 주고 싶은데 어떻게 만들어야 할지 몰라 소란을 피우는 거였다.

"부럽다. 백설공주랑 같이 살고. 나도 백설공주랑……."

"우리 아빠는 못 만드는 게 없는데."

갑자기 피노키오가 불쑥 끼어들며 말했다.

"가만, 너희 아빠라면 제페토 아저씨?"

"응. 우리 아빠가 아주 유명한 목수잖아. 우리 아빠가 만든 내 잘생긴 얼굴을 보면 알겠지?"

"……."

우리는 피노키오의 말을 싹둑 자르고 피노키오네 집으로 향했다.

"아빠! 아빠! 제가 친구들을 데려왔어요!"

"오호호호. 우리 피노키오가 웬일로 친구들과 함께 왔을까?"

"안녕하세요."

"아저씨, 저희가 백설공주님에게 침대를 선물하려고 하거든요."

"오호! 그럼 내가 솜씨 좀 부려 볼까?"

제페토 아저씨는 따뜻하고 자상한 분이었다.

"그런데 문제가 좀 있어요. 백설공주님이 저희보다 많이 커요."

"커? 얼마큼이나?"

"음…… 아저씨만큼?"

"맞아, 맞아. 제페토 아저씨만큼 커."

"글쎄. 아저씨보다는 작은 것 같은데……."

"맞아, 맞아. 제페토 아저씨보다는 작아."

"정확한 키를 알아야 꼭 맞는 침대를 만들 수 있단다. 백설공주의 키를 알아오너라."

일곱 난쟁이들은 고민이 가득한 얼굴로 터덜터덜 집으로 향했다.

"키를 어떻게 재지?"

"글쎄."

쓸데없는 걱정을 하는 난쟁이들이 조금 한심했다.

"그쯤이야 쉽잖아! 내 키는 어림잡아서 꼬리 세 개 **길이** 쯤이야. 너희는 손으로 몇 뼘인지 재면 돼!"

"옳지! 좋은 생각이다! 우리도 한번 재 볼까?"

일곱 난쟁이들은 금방 또 신이 나서 그 자리에서 자기들의 키를 쟀다. 세상에! 모두 똑같은 **다섯 뼘**이었다. 누구 하나 더 크지도, 작지도 않았다.

"이제 됐어! 공주님에게 키가 몇 뼘이냐고 물어 보자! 고마워, 와리야!"

며칠 후, 학교는 또 소란스러웠다.

"으앙!"

나를 보자마자 일곱 난쟁이들은 울음을 터뜨렸다.

"우리가 키가 몇 뼘이나 되냐고 물었더니 공주님은 **여덟 뼘** 쯤 된다고 했어."

"맞아. 그래서 제페토 아저씨께 여덟 뼘만큼의 길이로 침대를 만들어 달라고 했어."

"맞아. 그런데 그 침대가 공주님에게는 터무니없이 작은 거야!"

"미안해요, 공주님! 으아아앙!"

난쟁이들은 눈물에 콧물까지 줄줄 흘리며 울었다. 좀처럼 그칠 기미가 보이지 않았다.

"거참, 이상하네. 분명히 여덟 뼘짜리 침대를 만들었다면 백설공주에게 꼭 맞아야 하는데."

"할 수 없지. 다시 우리 집으로 가자!"

피노키오는 우리 모두를 집으로 또 데려갔다. 이번엔 백설공주도 함께였다.

"오호호. 오늘은 예쁜 아가씨도 함께 왔구나."

"안녕하세요? 저는 백설공주예요."

"엥? 이렇게 큰 아가씨가? 그럼 침대가 작았겠는걸."

"그래서 백설공주를 직접 데려왔어요, 아빠. 어떻게 된 일인지 좀 알려 주세요."

제페토 아저씨는 난쟁이들과 백설공주를 찬찬히 살펴보더니 이내 고개를 끄덕였다.

"아하! 그렇게 된 거로구나. 백설공주야, 잠깐 손 좀 줘 볼래? 첫 번째 난쟁이, 너도."

제페토 아저씨는 백설공주와 난쟁이의 손을 나란히 대 보았다.

"으악, 공주님 손이 왕 커!"

"손 크기가 이렇게 다르니, 난쟁이의 여덟 뼘과 백설공주 여덟 뼘의 길이가 많이 차이 날 수밖에 없지."

"와리가 뼘으로 재면 된다고 그랬어요."

"맞아요. 공주님 손이랑 제 손의 길이가 이렇게 다른 줄도 모르면서 막 아는 척했어요!"

"뭐? 그래서 지금 내 탓이라는 거야?"

순간 화가 치밀었다. 나는 도와주려던 건데, 이제 와서 날 원망하다니. 난쟁이들은 씩씩거리며 못마땅한 눈으로 나를 째려봤다.

"아하하. 와리가 영 잘못 알려 준 건 아니란다. 용케 **단위길이**를 정해서 길이를 재는 방법을 생각해 냈구나."

"네? 단위길이요? 그게 뭐죠?"

"뼘의 길이와 같이, 어떤 길이를 재는 데 기준이 되는 길이를 '단위길이'라고 한단다. 단위길이를 정해서 이용하면 길이를 수로 나타낼 수 있어서 좋지. '한 뼘, 두 뼘' 하고 말이야."

"하지만 지금은 완전히 틀렸잖아요."

"그래. 사람마다 기준이 되는 길이가 다를 수 있어서, 같은 물건의 길이도 서로 다르게 말할 수 있단다. 이번에 한 뼘의 길이가 서로 달라서 백설공주의 키를 잘못 알았던 것처럼 말이지. 그러니까 세상 사람들 누구나 편리하게 길이를 재려면 약속을 정해서 단위길이를 같게 해야 한단다."

"헉! 그럼 세상 사람들 한 명 한 명과 다 약속해야겠네요? 언제 다 만나죠?"

"오호호호, 그건 걱정 말아라. 사람들은 벌써 단위길이를 같게 하는 약속을 정했단다. 우리는 그 약속을 따르기만 하면 돼. 자, 이걸 보렴. 아주 쉽단다."

제페토 아저씨는 기다란 막대기를 들어 보였다.

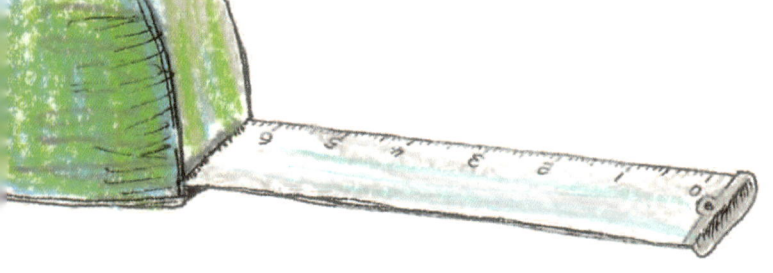

"사람들이 그 막대기로 길이를 재기로 약속한 거예요?"
일곱 번째 난쟁이가 물었다.
"이건 그냥 막대기가 아니란다. 와리, 여기에 뭐가 보이지?"
줄곧 입을 빼고 시무룩하게 있던 나는 우물우물 대답했다.
"음…… 개미만 한 숫자들이 보여요. 자잘한 선도요."
"그래. 그 선의 간격이 일정하게 똑같지? 이런 선을 눈금이라고 한단다. 여길 좀 보겠니?"

제페토 아저씨는 한쪽 구석으로 우릴 데려갔다. 그리고 탁자에 덮인 천을 휙 걷어 냈다. 탁자에는 갖가지 작업 도구들이 가득 놓여 있었다. 아저씨는 탁자 한쪽을 가리켰다.

"이쪽에 있는 것들은 모두 자 란다."
"우와! 이렇게나 많아요? 이 자로 멋진 나무 물건들을 만드시는 거구나."

입이 떡 벌어질 정도로 여러 종류의 자가 있었다. 역시 제페토 아저씨는 대단한 목수신가 보다.

"세상에는 여러 가지 모양의 자들이 있단다. 이

렇게 다양한 자들의 눈금 크기를 비교해 볼래?"

"눈금의 크기가 모두 똑같아요!"

"그래, 맞아. 자에서 눈금 한 칸의 길이는 같단다. 이 길이를 1cm 로 쓰고, 1센티미터 라고 읽지."

센티미터. 왠지 어렵게 느껴졌지만 들어 본 적은 있었다.

"세상 사람들의 약속이 자에 잘 표시되어 있으니까 우리도 자로 길이를 재면 돼. 그러면 자연스럽게 그 약속을 지키게 되겠지?"

"네! 약속은 지켜야 해요!"

"그래. 약속을 잘 지켜야지. 와리도, 와리 친구 시우도, 전 세계 누구라도 이 약속을 함께 지키는 거야. 그럼 이제 백설공주와 첫째 난쟁이의 한 뼘을 재 볼까?"

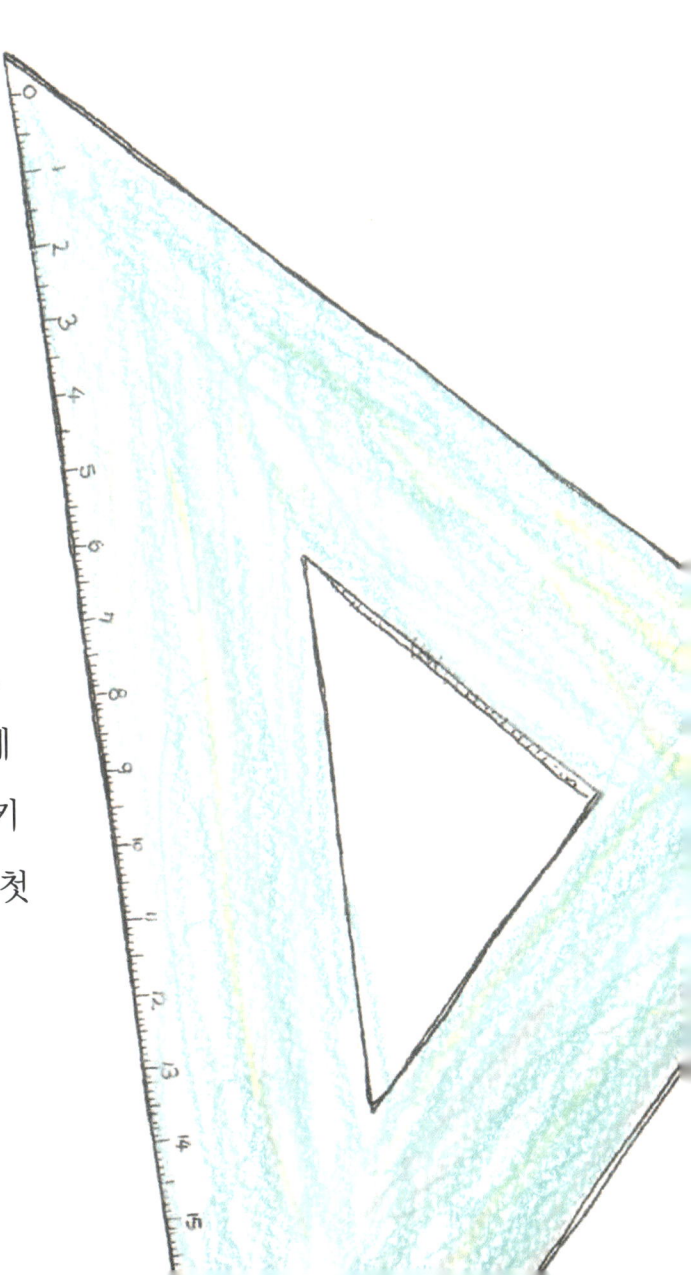

우리는 제페토 아저씨가 가르쳐 주시는 대로 자를 이용해 길이를 재어 보았다.

"길이를 잴 때는 한쪽 끝을 숫자 0 에 맞추고 시작하면 된단다."

백설공주의 한 뼘은 약 20cm, 첫째 난쟁이의 한 뼘은 약 15cm였다.

"그런데 100cm를 다르게 표현하면 뭔지 아느냐?"

"뭔데요? 센티미터 말고 또 뭐가 있어요?"

"피노키오, 네가 한번 말해 볼래?"

"네…… 아빠. 100센티미터는 1미터라고 해요. 1미터는 1m로 쓰고요. 다시 말하자면 100cm는 1m 예요."

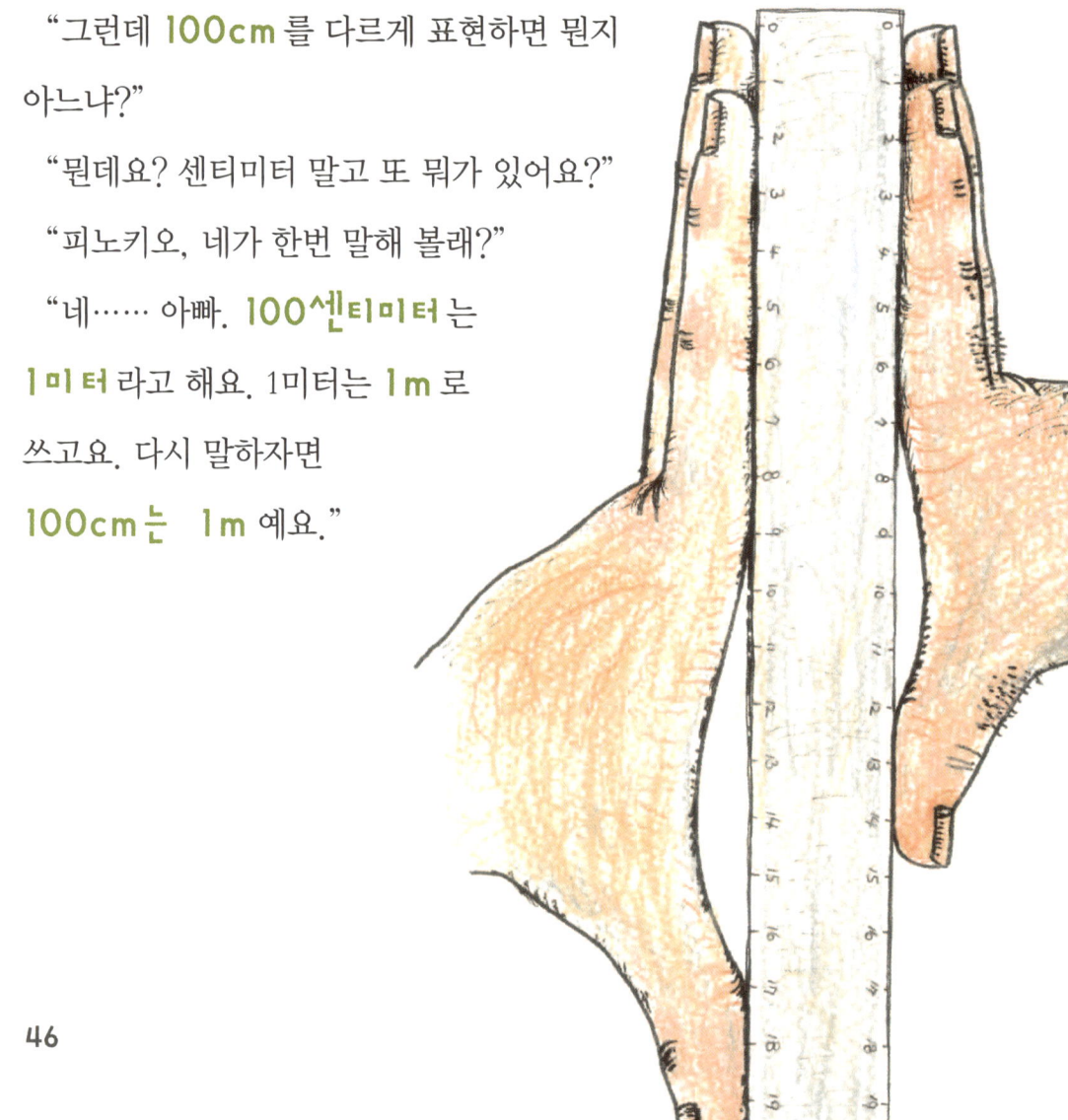

"우아……! 피노키오, 너 정말 대단하다! 그걸 어떻게 알았어?"

"뭐 그냥 어쩌다 보니까……."

피노키오는 코를 긁적이며 쑥스러워했다.

"그럼 이제 백설공주의 키를 정확하게 재 볼까?"

"네!"

제페토 아저씨는 백설공주를 벽에 곧게 세웠다.

"어디 보자. 백설공주의 키는……. 옳거니, 160에 맞춰지는구나. 그럼 어떻게 읽지?"

"160센티미터요!"

"160cm 는 100cm에 60cm를 더한 길이니까…… 1m 60cm 이기도 해요!"

나는 기분 나빴던 좀 전의 일은 싹 잊고 우렁차게 대답했다.

"오호호호. 잘했다, 잘했어. 백설공주야, 너도 잘 알겠지?"

"글, 글쎄요. 조금⋯⋯. 호호호."

백설공주는 해맑게 웃었지만 하나도 이해하지 못한 표정이었다.

"선물로 자를 하나씩 주마. 이걸로 길이 재는 연습을 많이 해 보렴."

"감사합니다!"

며칠 후, 일곱 난쟁이의 집에 예쁜 침대가 생겼다. 이번엔 백설공주의 키에 딱 맞았다. 이제 백설공주는 편안히 자고, 예쁘고 행복한 꿈만 꾼다고 한다.

피노키오는 어렸을 때 입만 열면 거짓말을 했대. **코**가 점점 길어져서 길이를 쟀더니 **100cm**였고, 그때 **미터(m)**에 대해 알게 되었대. 나는 백설공주에게 길이 재기 약속에 대해 차근히 말해 주었어. 백설공주는 내 얘기를 대충 듣더니 절친스티커를 주었어.

"아마 내 마법 거울은 이렇게 말할 거야. '이 세상에서 가장 귀엽고 똑똑한 강아지는 와리입니다'라고."

"하하하! 고마워, 백설공주!"

자에서 큰 눈금 한 칸의 길이는 모두 같아.

이 길이를 1cm로 쓰고, 1센티미터라고 읽지.

100cm = 1m야.

1m는 1미터라고 읽지.

그러니까 백설공주의 키 160cm는 1m 60cm로

바꿔서 쓸 수도 있어.

$$\begin{aligned} 160cm &= 100cm + 60cm \\ &= 1m + 60cm \\ &= 1m\ 60cm \end{aligned}$$

"아니, 이게 어떻게 된 일이야?"

나와 개구리왕자는 방금 소인국에 도착한 참이었다. 눈앞에는 엄청나게 큰 거인이 쿨쿨 자고 있었다.

소인국은 엉망이었다. 여기저기 땅이 움푹 파였고, 집과 건물들이 부서진 건 물론 나무까지 힘없이 뿌리 뽑혀 있었다. 거인이 닥치는 대로 먹어 치운 탓인지 마을의 밭과 과수원은 텅텅 비었고 개울가의 물도 말라 버렸다. 눈앞에 펼쳐진 광경이 믿기지 않을 정도였다.

"폭풍우가 치던 지난밤이었어. '쿵!' 하는 소리가 나서 바람에 나무가 쓰러졌나 했지. 그런데 그게 아니라 엄청나게 큰 거인이 쓰러진 거였어."

소인국 사람들을 이끄는 엄지공주가 심각한 얼굴로 말했다. 다른 소인국 사람들은 몸을 벌벌 떨었다. 소인국 친구 하나가 작게

울먹이며 말했다.

"흑흑, 거인 때문에 우리 집이 깔려서 껌처럼 납작해졌어. 너무 끔찍해. 흑흑."

"거인이 자는 동안 밧줄로 묶어 뒀지만, 곧 깨어나서 온 마을을 휘젓고 다닐 거야. 저 거대한 몸집으로 봐선 밧줄쯤은 금방 툭 끊어 버릴 테니까. 휴……."

엄지공주는 깊은 한숨을 내쉬었다. 딱한 사정 얘기에 화가 나긴 했지만 솔직히 나도 무섭기는 마찬가지였다.

'덩치가 저렇게 큰데 성격도 무지막지하겠지? 으으, 무서워!'

"걱정 말고 우리만 믿어요! 개굴. 우리가 거인을 쫓아내 줄게요! 개굴. 그렇지, 와리? 개굴?"

이상한 학교에서부터 촐랑촐랑 쫓아온 개구리왕자였다. 누가 개구리왕자 아니랄까 봐 녀석은 말끝마다 개굴개굴 거렸다.

"그, 그래! 같이 소인국을 지켜 내자!"

개구리왕자는 겁도 없이 거인의 주머니를 뒤지기 시작했다.

"이 거인의 이름은 걸리버. 개굴. 거인국에서 왔대. 개굴."

역시 그랬구나. 어림잡아 보아도 키가 **2m**는 넘을 것 같았다. 소인국 사람들은 겁에 질린 채 거인에게서 멀찌감치 떨어져 있었다.

가까이 와도 괜찮다고 해도 고개만 절레절레 흔들었다.

"으하암! 잘 잤다. 어? 이게 뭐지? 어? 몸이 안 움직이네."

잠시 후, 걸리버가 하품을 늘어지게 하며 잠에서 깨어났다. 꽁꽁 묶인 자기 몸을 보고도 놀라거나 당황하지 않았다. 소인국 사람들은 걸리버의 하품 소리에도 깜짝 놀라 몸을 덜덜 떨었다.

"애들아, 나 좀 풀어 줘."

걸리버는 눈을 껌뻑거리며 말했다. 목소리도 엄청 컸다.

"안 돼! 여기엔 왜 온 거야? 혹시 소인국 사람들을 잡아먹으려고……?"

"엥? 그런 거 아닌데. 난 폭풍을 만나서 여기까지 떠밀려 온 것뿐이야. 배가 산산조각이 나서 고향에도 돌아갈 수 없게 됐어. 그러니 좀 도와줘."

"안 돼. 네가 조금만 움직여도 여기 사람들은 깔려 죽을 거야!"

나는 있는 힘껏 큰 소리로 말했다. 거인 걸리버는 생각보다 사납지 않은 듯했다.

"널 보니, 내 강아지가 보고 싶다. 자이언트야, 보고 싶어! 자이언트! 우엉엉엉!"

걸리버가 울자, 눈물이 마치 폭포처럼 흘러내렸다. 그대로 두면

개울이 넘쳐 마을을 덮칠 것만 같았다.

"울지 마. 너 때문에 개울물이 점점 불어나잖아."

"어? 미안. 자이언트 생각에 그만. 힝."

걸리버에게 소리를 꽥 지르긴 했지만 한편으론 나도 시우 생각이 났다.

'시우가 사라진다면 난 어떨까? 시우가 없는 세상? 어휴, 생각하기도 싫다. 자이언트란 녀석도 불쌍하네…….'

"알았어. 도와줄게. 그러니까 뚝!"

엄지공주가 큰 결심을 한듯 걸리버를 풀어 주었다. 그러자 촐랑촐랑 개구리왕자가 또 한 번 불쑥 외쳤다.

"배를 만들자! 개굴! 걸리버가 고향까지 타고 갈 배를! 개굴!"

소인국 사람들과 나, 그리고 걸리버까지 모두 힘을 합쳐 배를 만들기 시작했다. 덩치 큰 걸리버가 움직일 때마다 지진이 난 것처럼 땅이 흔들렸다. 잽싸게 피하지 않으면 발에 밟힐 것 같았다. 걸리버는 우리가 다치지 않게 조심조심 움직였다.

"너희는 작은 인형 같아. 움직이는 것도 신기해! 어우, 귀여워!"

이리저리 바쁘게 움직이는 소인국 사람들을 보며 걸리버가 활짝 웃었다. 소인국 친구들도 이제는 걸리버를 무서워하지 않았다.

"걸리버는 커다란 나무도 가뿐히 들어 척척 옮기고, 정말 대단해!"

개구리왕자와 나는 일단 나무 길이를 자로 쟀다. 나무를 연결해 뗏목을 만들 계획이었다. 그런데 긴 나무들을 30cm짜리 자 로 재려니 여러 번 재야 해서 너무 불편했다.

"이 나무는 30cm 자로 세 번 쟀고, 마지막에 15cm만큼 더 있었으니까 총 길이를 다 더하면……. 30cm + 30cm + 30cm + 15cm 고……. 그러니까 나무 길이가 얼마냐면……."

"그러지 말고 이 줄자를 써. 개굴. 이건 간편하게 가지고 다닐 수 있고, 긴 길이를 잴 때도 편리하거든. 개굴."

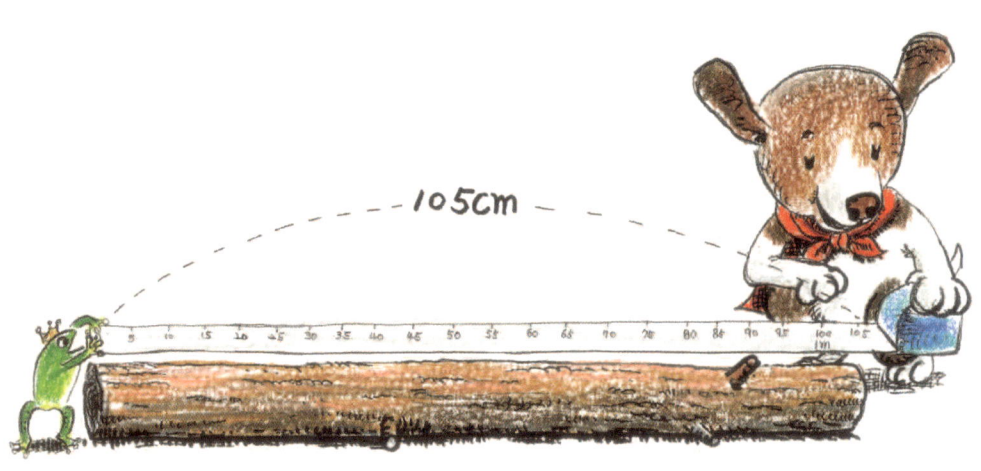

개구리왕자가 내민 줄자라는 건 띠처럼 만든 자였다. 눈금이 표시된 자가 돌돌 말려 있고, 쭉 뽑아 늘어뜨리면 긴 길이도 한 번에 잴 수 있었다. 또 줄자에는 100cm에 1m, 200cm에 2m라고 함께 표시되어 있어서 길이가 한눈에 쏙 들어왔다.

"줄자를 쓰니까 진짜 편하다. 음, 이 나무는 **1m 5cm**야. 1m보다 5cm 더 길거든. 1m가 100cm니까 센티미터로만 나타내자면 100cm + 5cm고, 결국 **105cm**지. 크하! 다 생각난다!"

나는 제페토 아저씨께 배운 미터와 센티미터의 관계를 떠올렸다.

$$1m\ 5cm = 1m + 5cm = 100cm + 5cm = 105cm$$

"여기 이 나무는 **1m 20cm**고, 저 나무는 **3m 60cm**, 또 저 나무는 **4m 70cm**야. 길이는 쉽게 재겠는데 나무 길이가 들쑥날쑥하네. 길이가 같아야 뗏목을 만들 수 있는데······."

"나무 길이를 같게 만들면 되지! 개굴! 길이를 더하거나 뺄 수 있으면 간단히 해결돼. 개굴. 계산할 줄 알지? 개굴?"

개구리왕자는 뒷다리에 힘을 주고 서서 앞다리로 팔짱을 꼈다. 목은 한껏 부풀려 풍선처럼 만들었다. 잘난 척할 때 나오는 버릇인듯했다. 내가 아무 말이 없자, 개구리왕자가 계속 개굴거렸다.

"먼저 1m 20cm 나무랑 3m 60cm 나무의 길이를 더해 봐. 개굴."

"길이를 더하라고? 어떻게?"

"에휴, 길이는 잘 잰다 했더니……, 개굴. 나는 올챙이 적부터 척척 계산했는데. 개굴. 일단 cm끼리 더해. 그러고 나서 m끼리 더해. 개굴."

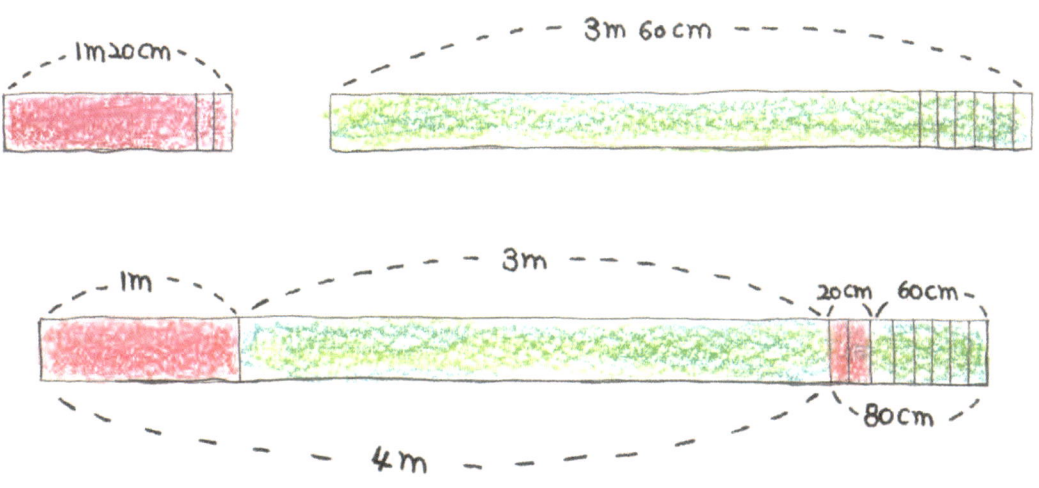

1m 20cm + 3m 60cm = 4m 80cm

"세로셈으로 정리해 볼 수도 있어. 먼저 cm는 cm끼리, m는 m끼리 줄을 맞춰 써. 그리고 cm를 먼저 더한 후에 m를 더하는 거지!"

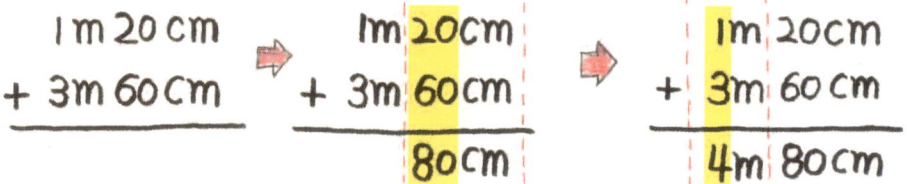

"개구리왕자 대단하다! 근데 너 이제 개굴개굴 안 하네?"

"어? 정말! 드디어 딸꾹질이 멎었다!"

"뭐? 그게 딸꾹질 소리였단 말이야?"

"응. 정말 귀찮았는데 이제 편하다! 딸꾹질도 그친 김에 이번엔 4m 70cm 나무 길이에서 3m 60cm 나무 길이를 빼 볼까?"

"큭. 어쨌든 축하해! 일단 cm끼리 빼. 그리고 나서 m끼리 빼면 되지?"

"맞아, 바로 그거야! 마찬가지로 세로셈으로 계산하려면 먼저 cm는 cm끼리, m는 m끼리 줄을 맞춰 써. cm를 먼저 계산하고 m를 계산하면 오케이!"

"이렇게 나무 길이를 더하거나 빼서 일정하게 길이를 맞추면 어떤 길이의 뗏목도 쉽게 만들 수 있겠다!"

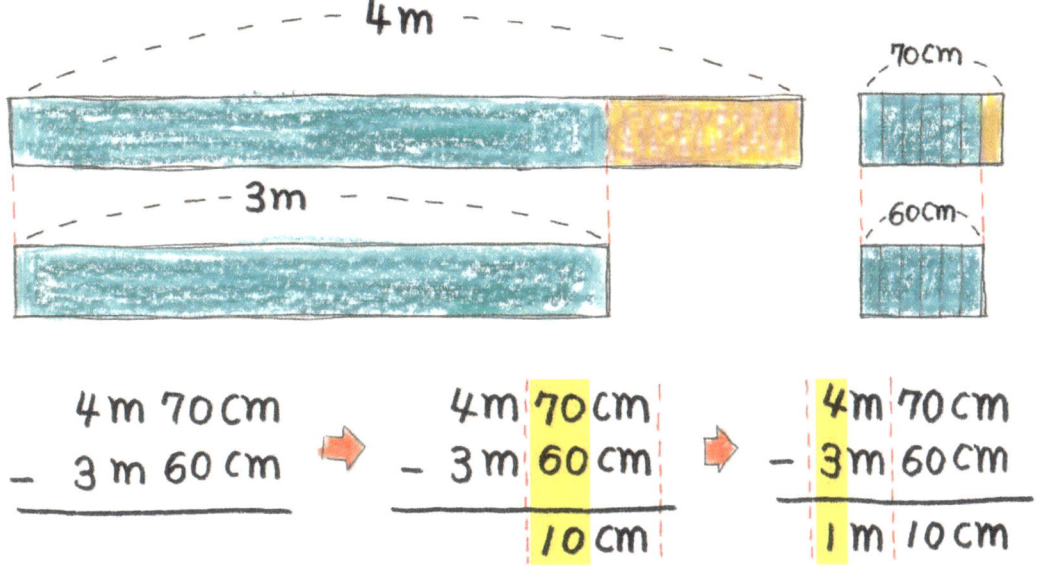

"와! 너희는 뭐든 척척이구나!"

개구리왕자와 내가 하는 말을 유심히 듣던 걸리버였다.

"소인국 사람들은 다들 친절하고 사랑스러워. 그리고 개구리왕자와 와리는 정말 똑똑한 것 같아."

"걸리버 넌 씩씩하고 힘이 세잖아! 나무도 번쩍번쩍 들고."

"하하! 맞아."

걸리버는 쑥스러운 듯 머리를 긁적였다.

"으휴, 공주님도 내가 똑똑하다는 걸 아셔야 할 텐데! 나도 빨리 멋진 왕자로 변신하고 싶다!"

"푸하하하!"

개구리왕자의 애교 섞인 불평에 우리 모두는 한바탕 크게 웃었다.

다시 일을 시작한 우리는 나무토막의 길이를 계산해 서로 이어 붙이거나 잘라 냈다. 드디어 거대한 뗏목이 완성되었다. 걸리버가 안전하게 탈 수 있는 크기였다. 아쉽지만 걸리버를 고향으로 떠나 보낼 때가 된 것이다.

"잘 가, 걸리버! 강아지 자이언트에게도 우리 얘기 꼭 해 줘!"

오늘은 주머니가 꽉 찼어. 소인국 친구들이 절친스티커를 너도나도 한 장씩 줬거든! 스물, 스물하나, 스물둘……. 하하하. 이게 도대체 몇 장이야? 이야, 기분 최고다!

길이계산 원리

① cm는 cm끼리, m는 m끼리 자리를 맞춘다.

② cm를 먼저 계산한다.

③ m를 계산한다.

문제 1 1m 30cm + 1m 20cm = ☐m ☐cm

문제 2 3m 90cm − 1m 40cm = ☐m ☐cm

문제 3 567cm − 4m 55cm
= ☐m ☐cm − 4m 55cm = ☐m ☐cm

문제 4   2m 40cm
     + 3m 30cm
     ─────────
       ☐m ☐cm

문제 5   5m 60cm
     − 1m 10cm
     ─────────
       ☐m ☐cm

답 : 문제1. 2m 50cm 문제2. 2m 50cm 문제3. 5m 67cm, 1m 12cm 문제4. 5m 70cm 문제5. 4m 50cm

이야기 넷

쉿! 신데렐라는 시계를 못 본대

📖 시계 보기와 규칙 찾기
시각과 시간

우하하하! 파티에 초대받았다! 아마 내가 파티에 온 최초의 강아지가 아닐까? 이것 참 괜히 두근두근하네. 큭큭. 나는 집에서 나오기 전에 털을 깔끔하게 정리하고, 눈곱도 떼고, 앞발로 코도 쓱쓱 닦았다. 오늘만큼은 내가 세상에서 가장 멋진 강아지일 거다!

반짝반짝성에는 저마다 멋을 내고 온 이상한 학교 친구들이 짝지어 춤을 추고 있었다.

"어머, 와리도 왔네."

"네? 누구세요?"

"나야, 신데렐라."

"내 짝꿍 신데렐라라고? 재투성이에 우울하게 생긴?"

"쉿! 마법사 할머니가 호박으로 마차를 만들고, 우리 집 부엌에 살던 쥐들을 말로 변신시켰어. 이게 다 마법이야. 신기하지?"

"그럼 그 드레스도 마법으로 만든 거야?"

"응. 대신 12시가 되면 마법이 풀린대. 그전에 꼭 왕자님 눈에 들어서 왕비가 될 거야. 언니들의 지긋지긋한 구박에서 벗어나려면 이 방법뿐이야. 시계를 볼 줄 모르는 게 문제긴 한데……."

"걱정 마. 내가 12시가 되기 전에 알려 줄게."

"정말? 그럼 고맙지! 슬슬 왕자님을 찾아 나서 볼까?"

"아름다운 아가씨, 나와 춤출래요?"

'헉, 이 잘생긴 녀석은 누구야? 혹시……?'

"어머, 왕자님! 좋아요!"

왕자는 아름다운 신데렐라를 데려갔다. 춤추는 두 사람은 샘이

날 만큼 잘 어울렸다. 그리고 서로를 바라보며 한참 동안이나 춤을 추었다.

"자, 모두 모이세요. 곧 파티의 하이라이트, 불꽃놀이가 시작됩니다!"

불꽃놀이를 보려고 밖으로 나가려는데 문득 신데렐라와의 약속이 떠올랐다.

'아참, 지금 몇 시쯤이지?'

마침 무도회장 한가운데에 커다란 괘종시계가 있었다.

'**시곗바늘**이 **11**에 있으니까 아직 11시네. 좀 더 있다가 말해 줘도 되겠다.'

"팡! 팡! 팡! 파바팡팡!"

난생처음 본 불꽃놀이는 정말 예뻤다. 갖은 색깔의 불꽃이 팡팡 터지며 밤하늘을 아름답게 수놓

앉다. 모두들 넋을 놓고 멋진 불꽃놀이를 감상했다. 그런데 잠시 후 괘종시계가 '뎅, 뎅, 뎅, 뎅······' 하고 시간을 알렸다.

'어라, 시계 소리네? ······, 아홉, 열, 열하나, 열둘. 뭐? **열둘?** 벌써 12시야? 분명 방금 전에 11시였는데.'

"헉! 저 꾀죄죄한 여자 좀 봐!"

"킁킁, 쟤한테서 냄새도 나!"

사람들이 웅성웅성했다. 마법이 풀린 신데렐라가 원래의 모습으로 돌아온 것이었다. 왕자는 어안이 벙벙한 표정이었다. 신데렐라는 울면서 뛰쳐나갔고 나는 그 뒤를 재빨리 쫓아갔다.

"미안, 신데렐라. 내가 불꽃놀이에 정신이 팔려서……."

"왕자님이 거의 넘어왔는데 너 때문에 다 망했어! 나 골탕 먹이려고 일부러 그랬지?"

"아, 아니야."

"그럼 뭔데? 이 거짓말쟁이야!"

신데렐라는 자기 집 문을 쾅 닫고 들어가 버렸다. 화가 머리 끝까지 난 신데렐라에게 사실은 나도 시계를 잘 볼 줄 모른다고 차마 말할 수 없었다.

"파티장에서 아주 재미난 구경거리가 있었다던데."

"앗, 마법사 할머니! 사람들이 다 보는데, 신데렐라 마법이 풀려서요."

나는 시무룩하게 대답했다.

"호호호. 그 재밌는 광경을 내 눈으로 봤어야 하는 건데, 깜빡 잠이 들었지 뭐야. 난 신데렐라가 시계도 못 본다는 걸 알았지. 그래서 일부러 12시에 마법이 풀리도록 한 거야. 호호호호."

"뭐라고요?"

마법사들은 심술 맞게 장난친다던데, 그 말이 딱 맞았다.

"마법사 할머니! 저한테도 마법을 걸어 주세요."

"무슨 마법?"

"바늘이 계속 돌아가는 시계 있잖아요? 그거 잘 보는 마법이요."

"내가 왜? 네가 뭐가 예쁘다고 그런 어려운 마법을 걸어 줘?"

"좋아요. 왕자님한테 다 말하죠 뭐. 그럼 왕자님이 할머니를 못된 마녀라며 당장 잡아 가두라고 할 걸요?"

"으으. 영악한 강아지 같으니라고. 단, 조건이 있어."

"조건이요? 뭐, 뭐요?"

심술쟁이 마법사가 무슨 고약한 조건을 내걸지 몰라 조금 긴장이 되었다.

"그 할머니 소리 좀 하지 마라. 내가 어딜 봐서 할머니야?"

"엥? 겨우 그거였어요? 암만 봐도 할머닌데. 아무튼 알았어요. 마법사 할……, 아니 마법사님."

"호호호. 좋아. 시계를 보렴. 바늘이 몇 개 있지?"

"**긴바늘**이랑 **짧은바늘** 두 개가 조금씩 움직여요. 또 **1부터 12까지** 숫자도 있어요."

"나랑 '시계약속' 한 가지 할까?"

"시계약속이요? 그런 거 말고 얼른 마법이나 걸어 주세요."

마법사 할머니가 마법봉으로 내 머리를 콩 때렸다.

"이 녀석! 이게 다 주문이야. 네가 잘 대답해야 제대로 마법을 걸 수 있어. 시계에서 짧은바늘은 시를 나타내. 짧은바늘이 1을 가리키면 **1시**, 8을 가리키면 **8시**야."

"짧은바늘은 시! 그럼 긴바늘은 분을 나타내겠네요?"

"그렇지! **짧은바늘은 시, 긴바늘은 분**을 나타낸다. 이게 첫 번째 시계약속이야. 그러니까 짧은바늘 이름은 시침이, 긴바늘 이름은 분침이로 부르자. 그럼 저 시계는 몇 시 몇 분을 나타내는 걸까?"

"음, 글쎄요. 짧은바늘은 숫자 3을, 긴바늘은 숫자 12를 가리키니까…… 아마도 3시 12분?"

"땡! 틀렸어."

이번엔 마법봉이 저절로 날아와 내 머리를 콩 때렸다. 맞은 데를 또 맞았더니 제법 아팠다.

"왜 때려요! 그리고 자꾸 질문만 하시는데 진짜 주문 거는 거 맞아요?"

"호호호. 그렇다니까."

마법이 어쩐지 엉터리 같고 수상했지만 일단은 심술쟁이 할머니를 믿는 수밖에 없었다.

"분침이는 조금 달라. 자, 시계를 아주 가까이에서 자세히 보렴.

1 하고 2 사이, 숫자와 숫자 사이에 뭐가 있지?"

"작은 눈금이요."

"그 작은 눈금이 바로 분침이의 거야. **작은 눈금 한 칸**은 1분을 나타내지."

"그럼 긴바늘 분침이가 작은 눈금의 0에 있으니까 **3시** 정각을 나타내는 거네요?"

"맞아."

"그런데 짧은바늘 시침이가 이렇게 숫자와 숫자 중간에 있을 때는 뭐라고 읽어야 할지 모르겠어요."

"오호! 질문 잘했다. 긴바늘 분침이가 시계 한 바퀴를 돌 때 짧은바늘 시침이는 느릿느릿 숫자 하나를 움직인단다."

"역시. 짧은바늘은 다리가 짧아서 조금밖에 못 가고, 긴바늘이 성큼성큼 가는군요."

"호호호. 그래서 분침이가 아직 한 바퀴를 다 못 돌았을 때는 시침이가 숫자와 숫자 사이에 끼는 거지. 이럴 때는 시침이가 지나온 숫자를 읽어 시를 말하면 돼. 이게 바로 두 번째 시계약속이란다. 그럼 네가 들고 있는 그 시계가 몇 시 몇 분을 나타내는지 말해 볼래?"

"짧은바늘이 3과 4 사이에 있으니까 지나온 숫자 3을 붙여서 3시. 긴바늘은 작은 눈금을 세서 하나, 둘, ……, 스물넷, 스물다섯이니까 25분. 3시 25분이요!"

"호호호. 제법이군! 이번엔 시계에 작은 눈금이 모두 몇 개나 있는지 하나하나 세어 봐."

"음……, 음……."

나는 시계에 있는 작은 눈금을 일일이 세기 시작했다. 눈이 뱅글뱅글 도는 느낌이었지만 꾹 참고 끝까지 다 셌다.

"60개요! 작은 눈금은 총 60개가 있어요."

"그래. 분침이가 한 시간 동안 시계 한 바퀴를 돈다고 했지? 즉 분침이는 한 시간 동안 총 60개의 눈금을 지난다는 뜻이야. 그래서 1시간은 60분이지. 이게 바로 세 번째 시계약속이란다."

"오오! 1분을 나타내는 눈금 60개를 지나니까 60분이군요!"

"자, 지금부턴 문제를 내마. 틀리면 마술봉이 또 머리를 콩 때릴 거야. 이건 몇 시 몇 분이지?"

"시는 짧은바늘이 지나온 숫자 7에 붙이고 긴바늘이 6에 있으니까 **60 분의 반**, 30분이에요! 그러니까 **7시 30분**!"

"좋아. 그럼 저 동그란 시계는 몇 시 몇 분이지?"

"시침이는 10과 11 사이에 있으니까 **10시**. 또 분침이는……. 아휴, 작은 눈금을 하나하나 세기가 너무 귀찮아요.

"곧 익숙해질 테니까 딴소리 말고 얼른 답이나 말해."

"긴바늘은 하나, 둘 셋……, **15칸** 왔으니까 **10시 15분** 이요!"

"마지막으로 이 알람시계를 읽어 봐라."

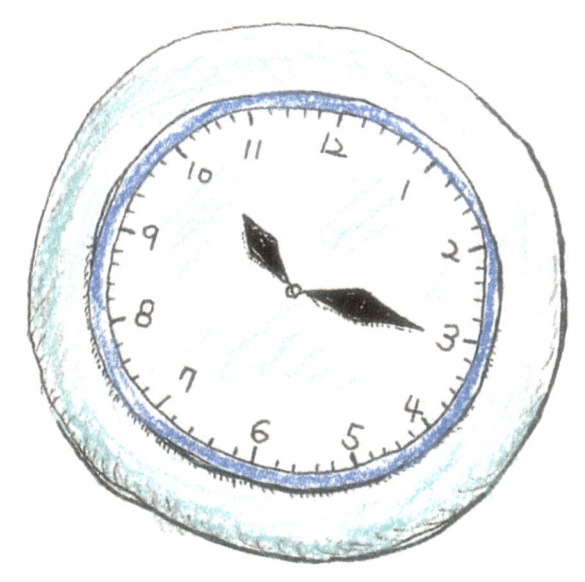

"으휴, 그거야 쉽죠! 4시!"

"호호호. 생각보다 똑똑하구나. 자, 주문이 모두 끝났으니 네겐 마법이 걸렸어. 시계 잘 보는 마법 말이야. 호호호호."

마법사 할머니에게 시계를 잘 보는 엉터리 마법을 배운 지 며칠이 지났는데도 신데렐라는 이상한 학교에 나오지 않았다.

"신데렐라는 이제 학교 안 와. 그러니까 기다리지 마."

"뭐? 개구리왕자, 진짜야? 설마 나 때문에?"

"그게 아니라, 왕자님이 파티 때 벗겨진 신데렐라의 유리구두를 주웠대. 그걸 갖고 신데렐라를 찾았나 봐. 그리고 결혼하자고 했다는군."

"풀풀 냄새 나는 원래 모습을 봤는데도?"

"왕자님은 신데렐라의 겉모습이 아닌, 같이 춤추며 얘기 나눴을 때의 따뜻한 마음씨에 반했대. 나도 내 마음을 알아봐 주는 공주님을 만나야 할 텐데, 휴……."

"시계 보는 법을 알려 주려고 했더니, 휴……."

나는 기운이 쭉 빠져서 집으로 돌아왔어. 신데렐라를 이제 못 본다고 생각하니 서운했거든. 웬일로 시우가 같이 놀자고 했지만 시우 말에는 대꾸도 않고 자는 척을 했어.

'시우야, 오늘은 장난 벌일 기분이 아니야.'

그러다 진짜 잠들어 버렸나 봐. 신데렐라에게 시계 보기 마법을 걸어 주는 꿈을 꾼 것 같기도 하고, 아닌 것 같기도 하네.

"신데렐라! 왕자님과 오래오래 행복하게 살아!"

시계약속 ① 시계에서 짧은바늘은 '시', 긴바늘은 '분'을 나타내!

시계약속 ② 짧은바늘이 숫자와 숫자 사이에 있을 때는 지나온 숫자를 읽어서 몇 시라고 하면 돼!

시계약속 ③ 짧은바늘이 숫자 하나를 움직이는 동안 긴바늘은 시계 한 바퀴, 즉 작은 눈금 60칸을 움직여.
그래서 1시간 = 60분이야!

드디어 내일이 이상한 학교의 운동회 날이다.

"으으. 비 오면 안 되는데. 하나님, 부처님, 알라여! 내일 해가 쨍쨍 나게 해 주세요."

내가 중얼중얼하는 소리를 듣고 앨리스가 웃으며 다가왔다.

"첫 운동회라 설레는구나? 근데 내일 경주 때 너도 거북을 응원할 거지?"

"경주? 거북이랑 누가 경주하는데?"

"토끼랑 거북이 달리기 경주하잖아. 작년엔 거북이 이겼대."

"엥? 거북은 엄청 느리잖아."

"작년엔 토끼가 게으름 피면서 낮잠 자다가 황당하게 졌나 봐. 그래서 토끼가 자꾸 다시 겨루자고 했대. 난 거북을 응원할 거야."

"왜?"

"원래 문제 같은 거 안 풀어도 이상한 학교에 올 수 있는데, 토끼가 거짓말한 거였잖아. 으으, 얄미워!"

하긴, 문제를 못 맞히면 정글짐에 갇힌다는 것도 다 거짓말이었다. 그때 마음 졸였던 것만 생각하면 약 올라 죽을 지경이었다. 난 '건방진 토끼'에게 쪼르륵 달려갔다.

"야, 너 거북한테 달리기 졌다며? 바보같이 중간에 잠들다니! 푸하하하하!"

"훗. 거북 같은 느림보랑 경주하면서 열심히 뛰면 웃기잖아."

건방진 토끼는 피식 웃더니 여전히 기죽지 않는 척했다.

"그나저나 와리, 네가 시계 보기 천재라며?"

"하하! 이 천재님이 한 수 가르쳐 줘? 너 여태까지 회중시계는 멋으로 갖고 다녔던 거야?"

"시계 보는 건 나도 알아. 대신 **시간** 구하는 법 좀 알려 줘. 거북이 경주 코스의 각 구간을 지나는 데 시간이 얼마나 걸리나 계산해서 그 시간 동안 팽팽 놀 거야. 그리고 마지막에 질주해서 아슬아슬하게 이기고 싶어."

"부지런히 달려서 단방에 이겨 버리면 되잖아."

"그건 정말 싫어. 거북 따위한테 이기려고 삐질삐질 땀 흘리면서 뛰는 건."

"그래서 여유롭게 설렁설렁 뛰어도 가뿐히 이긴다는 걸 보여 주고 싶다?"

"응. 내일 운동회에서는 꼭 이길 거야! 대신 아슬아슬하고 영화처럼 멋지게!"

건방진 토끼와 나는 일단 언덕으로 올라갔다. 언덕 위에서는 경주 코스가 한눈에 쏙 들어왔다. 거북은 내일 있을 경주에 대비해 마지막 연습을 하려고 몸을 풀고 있었다.

"출발점에서 '땅!' 해서 큰 나무까지 가는 게 첫 번째 코스군."

"응. 거기 나무 그늘에서 일단 한 번 쉬고!"

"그리고 나무에서 바위까지 이어진 두 번째 코스를 지나서."

"응, 거기 바위 위에서 낮잠 한판!"

"어이구, 이 게으름뱅이야!"

"아슬아슬 간발의 차로 이기려면 내가 짬짬이 쉬어야 한다니까!"

"하긴. 어쨌든 그래서 바위 지나서 결승점에 골인하면 끝이란 말이지?"

"맞아. 어? 거북이 출발했어!"

나는 건방진 토끼의 번쩍이는 시계를 확인했다.

"정확히 3시에 출발했다."

토끼와 나는 거북이 나무에 도착할 때까지

얼마나 걸리는지 시간을 재기로 했다. 그런데 느림보 거북 녀석은 진짜 느렸다. 저런 거북이걸음으로 끝까지 달릴 수나 있을까? 거북은 아주 한참이 지나서야 첫 번째 나무 그늘에 도착했다.

"우와! 저 녀석 정말 느리네. 지금 **3시 30분**이다."

"그러면 **30분**이 걸린 거네? 맞지?"

"응. 토끼 너도 좀 아는구나?"

"뭘……. 아직 너만큼은 아니야. 헤헤."

'토끼 녀석, 정말 이기고 싶나 보네. 안 하던 아부까지 하고 비굴하게 웃기까지 하네.'

"어, 거북이 다음 코스로 가고 있어."

"거북 쟤, 열심히 달리는 거 맞아? 왜 이렇게 느리냐. 내가 다 졸

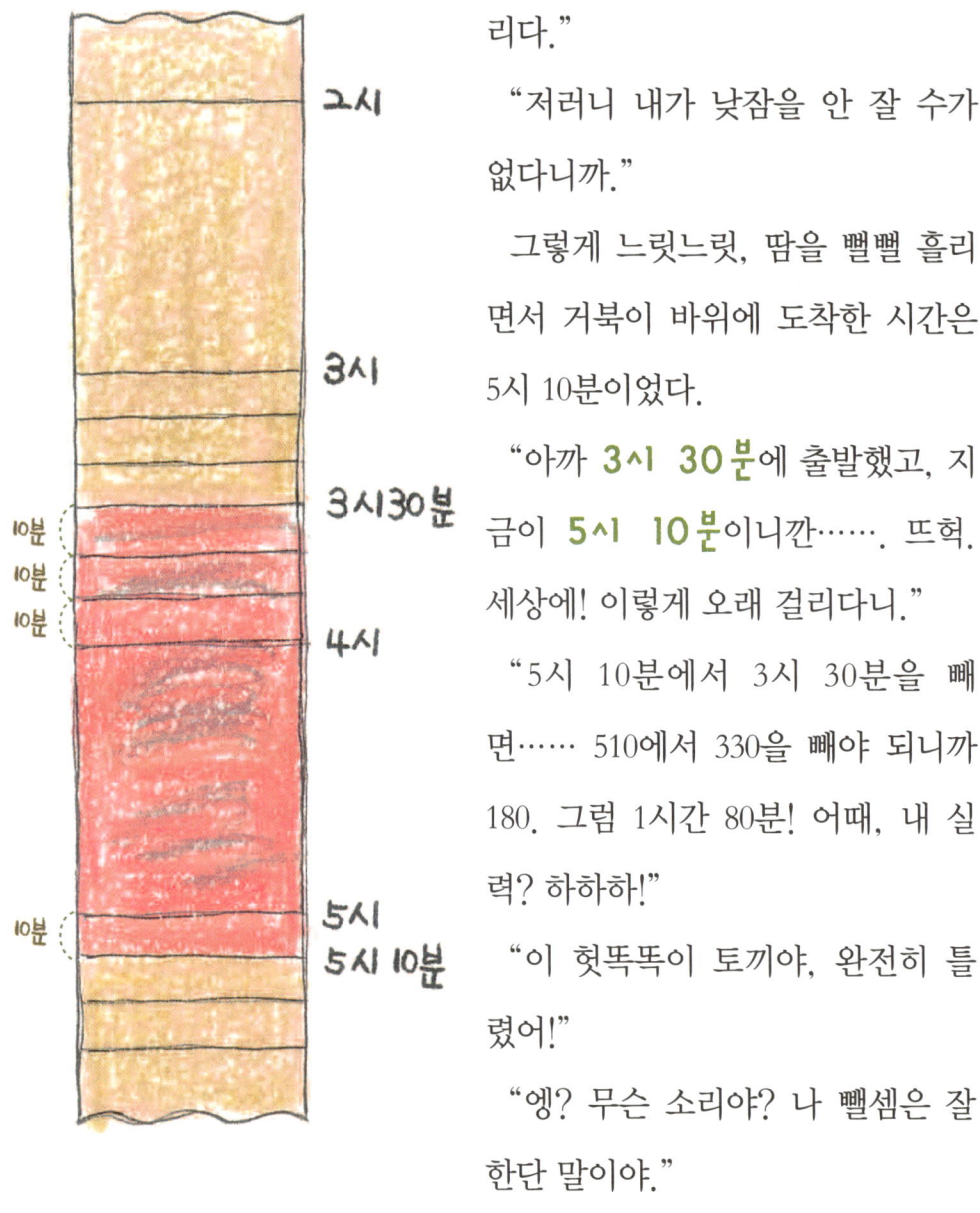

리다."

"저러니 내가 낮잠을 안 잘 수가 없다니까."

그렇게 느릿느릿, 땀을 뻘뻘 흘리면서 거북이 바위에 도착한 시간은 5시 10분이었다.

"아까 3시 30분에 출발했고, 지금이 5시 10분이니깐……. 뜨헉. 세상에! 이렇게 오래 걸리다니."

"5시 10분에서 3시 30분을 빼면…… 510에서 330을 빼야 되니까 180. 그럼 1시간 80분! 어때, 내 실력? 하하하!"

"이 헛똑똑이 토끼야, 완전히 틀렸어!"

"엥? 무슨 소리야? 나 뺄셈은 잘한단 말이야."

"귀를 쫑긋 세우고 잘 들어. 1시간은 60분이라고. 그게 바로 시계

약속이라는 거야. 그러니까 더하기 빼기 하듯 하면 안 돼. 너처럼 실수하기 딱 좋지. 우선 이렇게 생각해 보자. 3시 30분에서 1시간 더 가면?"

"**4시 30분**!"

"그래. 그 1시간을 일단 기억해 두고. 4시 30분에서 5시 10분까지 몇 분이나 되는지 세어 봐."

"4시 40분, 50분, 5시, 5시 10분. 이렇게 **10분씩 네 번** 갔으니까, **40분**!"

"응. 그러니까 **1시간 40분**이 걸린 거잖아."

"그렇구나."

"시간이 얼마나 걸렸는지 알아볼 때는 1시간이 60분인 걸 침착하게 생각해서 차근히 따져 보면 돼."

"어, 다른 방법도 생각났다! 3시 30분에서 **2시간**이 지나면 5시 30분이잖아."

"응. 그런데 거북이 도착한 시각은 5시 10분이잖아."

"5시 10분은 5시 30분보다 **20분** 적으니까, 2시간에서 20분이 적게 걸린 거야. 즉 **1시간 40분**이 걸린 거지!"

'역시 토끼 녀석 잔머리 하나는 알아줘야 한다.'

거북은 또 한참을 우직하게 달렸다. 역시나 지루한 시간이었다.

"토끼 너도 참 대단하다. 이렇게 지루한 경주를 또 할 생각을 하다니. 나 같으면 절대 안 했을 거야."

"나도 정말 지루하긴 해. 게다가 거북은 오전, 오후로 나눠서 매일 두 번씩 연습했다나 봐. 어쨌든 거북을 꼭 이겨서 내가 얼마나 멋진 토끼인지 모두에게 보여 줄 거야."

"으하함! 그렇군. 뭐 난 별로 관심 없지만. 앗! 드디어 거북이 도착했다!"

"결승점에 도착한 지금이…… 딱 6시 정각이야."

건방진 토끼는 시계를 꺼내 시각을 확인했다.

"바위에서 5시 10분에 출발했으니 결승점까지는 50분이 걸렸군."

"처음 나무 그늘까지 30분이 걸렸고, 바위까지는 1시간 40분 걸렸고 마지막으로 도착 지점까지 50분이 걸렸으니까 다 합하면 거북은 총 3시간 걸린 거네. 그럼 이제 내가 한번 뛰어 볼까나?"

연습을 마친 거북이 사라지자 토끼도 경주 코스를 처음부터 끝까지 달리기 시작했다. 토끼 녀석은 역시 빨랐다.

"6시 10분에 출발해서 나무까지 5분, 나무에서 바위까지 15분,

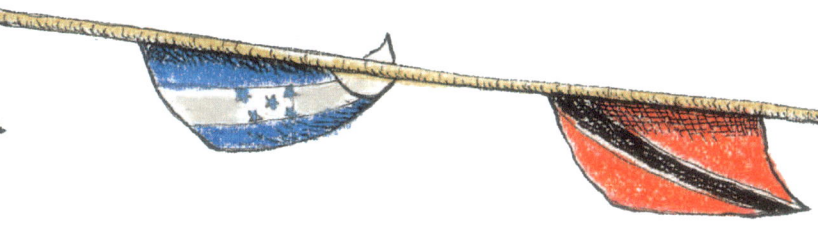
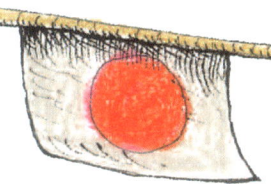

도착 지점까지 **5분** 만에 달렸어!"

"그럼 총 **25분** 걸렸으니깐, 지금 **6시 35분**이야?"

"빙고!"

"하하하하!"

건방진 토끼랑 조금 친해진 느낌이었다. 아주 얄미운 녀석이라고 생각했었는데, 어느새 친한 친구처럼 마주 보고 웃는 사이가 되다니. 어쨌든 기분이 좋았다!

드디어 운동회 날이 되었다. 다행히 하늘은 구름만 조금 꼈지, 비가 오지는 않았다. 같이 2인 3각 달리기를 하자는 백설공주, 포크댄스를 함께 추자는 앨리스, 공굴리기를 같이하자는 피노키오까지……. 친구들과 함께 즐기는 운동회는 정말 재미났다. 건방진 토

끼는 은근히 긴장되는지 한쪽 구석에서 귀를 축 늘어뜨렸다 쫑긋 세웠다 했다.

　마침내 운동회의 모든 순서가 끝나고, 마지막으로 토끼와 거북의 달리기 경주가 시작될 참이었다.

　"거북은 부지런히 달려도 3시간이 걸리고 너는 25분 걸리는 거리야. 시계 챙겼지?"

　"그럼! 알람도 잘 맞춰 놨어. 작년처럼 너무 오래 자 버리면 곤란하니까. 헤헤."

　"토끼 네가 이번엔 꼭 이길 수 있을 거야! 파이팅!"

　"탕!"

　경주가 시작되자마자 토끼는 껑충껑충 뛰어 금세 나무 그늘에 다다랐다. 거북 녀석은 아직 출발점 근처에서 달리고 있었다.

　토끼는 첫 번째 나무 그늘에서 멈춰서 뒤를 돌아보았다. 저 멀리에 거북이 작은 점처럼 보였다. 토끼는 숨 한 번 돌리고는 다음 코

스인 바위까지 한 번에 달렸다. 구경하던 친구들은 토끼의 빠른 걸음에 놀랐다. 금세 바위에 도착한 토끼는 주머니에서 시계를 꺼내더니 혼자 계산하기 시작했다.

"거북이 결승점까지 걸리는 시간이 3시간이고 우리가 2시에 출발했으니깐, 5시에 도착하겠지? 지금이 2시 20분. 5시까지는 2시간 40분이나 남았잖아. 이러니 내가 낮잠을 안 잘 수가 없다고! 난 여기 바위에서 도착점까지 5분이 걸리니깐…… 알람을 5시 5분 전인 4시 55분에 맞추고, 푹 자야겠다. 하하하하!"

어느새 해는 뉘엿뉘엿 지고 있었다. 거북은 그때까지 한 번도 쉬지 않고 달렸다. 아니, 지루하게 기어가고 있었다.

"꼬르륵."

"아웅. 배고프다."

같이 경주를 지켜보던 친구들 몇 명은 늘어지게 하품을 하더니 집으로 돌아갔다.

"삐리리릭! 삐리리릭!"

4시 55분이 되자, 토끼의 알람 시계가 요란하게 울렸다. 토끼는 벌떡 일어나더니 앞만 보고 내달리기 시작했다. 토끼가 금세 거북을 따라잡을 것만 같았다. 토끼의 철저한 시간 계산 때문에 마지막에는 의외로 경주에 긴장감이 넘쳤다. 하품을 하던 친구들도 놀란 토끼눈을 하고 경기에 집중하는 모습이었다. 난 너무 떨려 눈을 꼭 감았다.

 '건방진 토끼야, 거북을 기다리면서 참아야 했던 지루한 고생이 이제

곧 끝나! 네 멋진 모습을 보고 친구들도 감탄할 거야!'
"우와! 이겼다!"
친구들의 함성소리와 함께 승리를 알리는 폭죽이 펑 터졌다.
"거북이 또 이겼다!"
난 깜짝 놀라 눈을 번쩍 떴다.
"뭐? 너희가 잘못 본 거 아냐?"

'아직 시간도 **4시 59분**인데 거북이 먼저 도착하다니. 그럴 리 없잖아!'

정확히 5시가 딱 되자, 토끼가 헉헉거리면서 도착했다.

"토끼야, 네가 졌어……."

"헉, 헉, 그럴 리가! 우리가 얼마나 정확하게 **시간 계산**했는지 알잖아. 난 일부러 그 시간에 맞춰서 들어왔고!"

"응. 지금 5시 맞는데, 거북이 **1분** 일찍 도착했어."

"그, 그럴 수가……! 어떻게 된 거지? 거북, 너 무슨 수작을 부린 거야?"

"난 그냥 열심히 달린 것밖에……. 사실 지난 **1년** 동안 진짜 열심히 연습했거든. **12달** 동안 하루도 빼놓지 않고 말이야. 으흐흐, 그랬더니 기록이 1분이나 빨라졌나 봐."

이번에도 토끼는 거북에게 졌다. 느림보 거북은 열심히 노력해서 아주 조금이지만 더 빨리 달리게 된 것이었다. 열심히 연습하면 실력이 나아진다는 진리를, 거북을 보면서 깨달았다.

"건방진 토끼! 이 절친스티커는 내가 주는 선물이야. 달리기는 누가 뭐래도 네가 최고야. 그러니까 힘내! 멋진 승부였어!"

지금 **시각**은 밤 **11시 30분**. 식구들이 다 잠들었어. 으아, 정말이지 피곤한 하루였다!

시우가 수학시험을 60점 맞아 와서 엄마는 화가 많이 나셨어. (원래 시우는 80점 정도 맞거든. 소곤소곤.)

엄마가 소리를 버럭 지르셨지. 당연히 시우는 울음을 터뜨렸어.

"**일주일** 후에 운동회잖아요! 운동회 연습하느라 그랬단 말이에요! 우앙!"

목젖이 다 보이게 울더라. 시우네 학교는 우리 학교보다 운동회를 **7일** 늦게 하나 봐. 시우는 울면서 틀린 문제를 풀어 보다가 그대로 잠들었어.

어디 보자, 우리 시우가 무슨 문제를 틀렸나……. 하하하! 이런 쉬운 문제들을 틀리다니. 나는 다 풀 수 있겠는걸? 나보고 '똥개'라고 하더니!

"이렇게 쉬운 문제도 틀리는 바보 똥개 김시우! 메롱!"

가만, 나는 눈이 팽팽 돌아가는 책도 안 보고, 학습지 선생님도 안 오시는데 어떻게 시우가 틀린 문제도 다 알 수 있게 되었지? 그냥 이상한 학교 친구들이랑 어울려 다니면서 재밌게 놀고, 절친스티커만 열심히 모았는데 말이야. 절친스티커, 이거 정말 마법스티커인 거야? 친구들과 친하게 지냈을 뿐인데 수학을 잘하게 되다니.

"정말 이상한 학교야! 왈왈!"

① 8시 55분은 '9시 5분 전'이라고도 나타낼 수 있어.

② 시각과 시각 사이에 시간이 얼마나 흘렀는지를 생각해 봐.

③ 하루는 24시간이야.
   0시(밤 12시)부터 낮 12시까지는 오전,
   낮 12시부터 밤 12시(0시)까지는 오후라고 해.

④ 달력을 보고 1주일은 7일이란 것,
   1년이 12개월이란 것,
   각 달은 며칠까지 있는지 등을 찾아서 확인해 봐!

● 책 속 부록 ●

개념이 쏙쏙 들어오는
엄마표 수학놀이

▶ 기발한 놀이와 홈스쿨링으로 블로거들 사이에 소문난 엄마,
중현맘이 추천하는 수학놀이로 개념과 원리를 꼭꼭 다져 주세요!

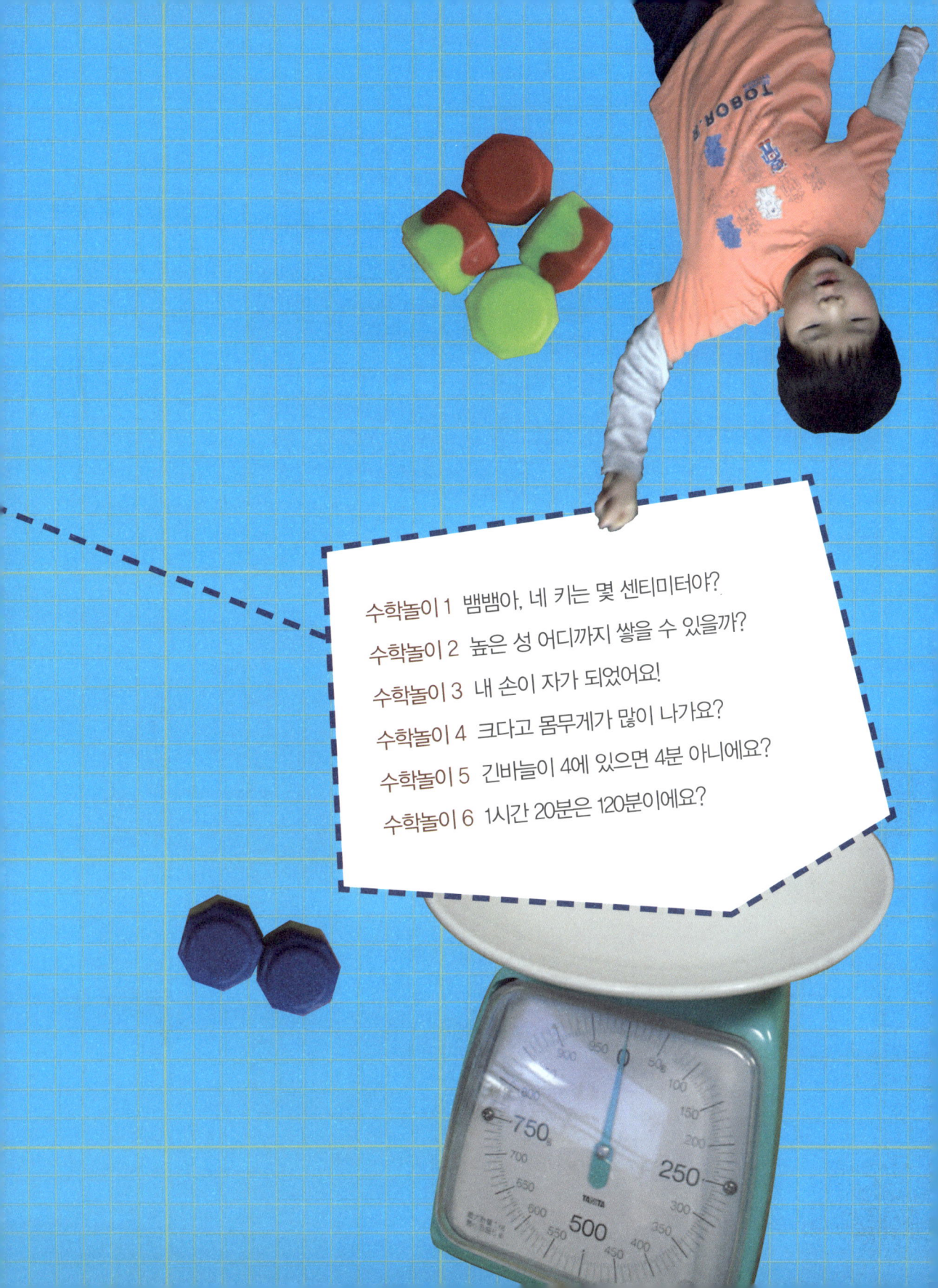

수학놀이 1 뱀뱀아, 네 키는 몇 센티미터야?
수학놀이 2 높은 성 어디까지 쌓을 수 있을까?
수학놀이 3 내 손이 자가 되었어요!
수학놀이 4 크다고 몸무게가 많이 나가요?
수학놀이 5 긴바늘이 4에 있으면 4분 아니에요?
수학놀이 6 1시간 20분은 120분이에요?

1. 뱀뱀아, 네 키는 몇 센티미터야?

놀이의 목표 ▶ 자를 이용해 올바른 방법으로 길이 재기
놀이 준비물 ▶ 플라스틱 자, 줄자, 연필, 각종 인형

"중현아 우리 길이 재기 놀이할까? 엄마는 연필의 길이를 재고 싶은데 중현이가 좀 재 줄래?"

"엄마, 자의 맨 끝에 놓고 재면 되죠?"

"중현아, 자의 눈금에 숫자가 있지? 그 숫자 뒤에 센티미터(cm)를 붙이면 돼. 길이도 수의 시작인 0부터 시작해. 그러니까 연필을 어디에 맞춰야 할까?"

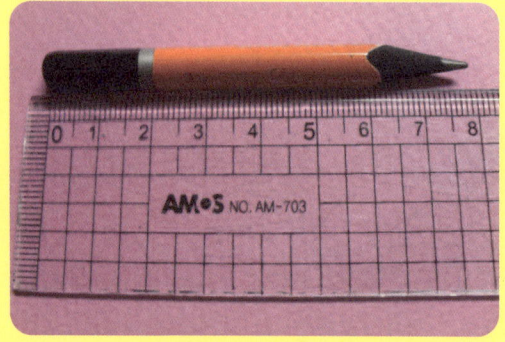

"아, 그럼 0에서 시작해야겠네요. 8cm예요."

"그래, 중현아. 길이는 이렇게 자의 0에 맞춰서 재는 거야. 그럼 이건 몇 cm인지 알겠니?"

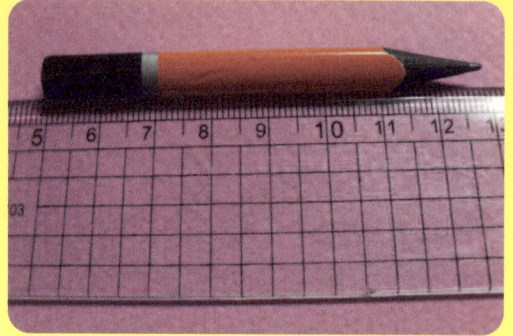

"엄마, 이건 5에서 시작하네요. 그럼 13에서 5를 뺄까요? 아님 5부터 칸을 세어 볼까요? 어? 둘 다 8cm예요."

"그래. 0부터 시작하지 않아도 길이를 잴 수 있겠지? 길이 재는 방법도 알았으니까 우리 집에 있는 인형들 키가 몇 cm인지 재 보자."

"엄마, 좋은 생각이에요. 제가 인형들을 가져올게요."

"와! 인형이 많이 모였네. 그런데 인형들을 잘 봐. 조금씩 다르지 않니?"

"글쎄요. 뭐가 다를까요?"

"힌트를 줄게. 중현이는 서서 키를 재고 친구는 앉아서 키를 재면 공평할까? 아닐까?"

"아 그렇군요. 앉아 있는 인형과 서 있는 인형이 있네요. 서서 재는 키와 앉아서 재는 키는 다른데, 어쩌죠?"

"음, 어떻게 하지? 키를 비교할 땐 출발하는 시작점이 똑같아야 하는데?"

"그럼 엄마, 둘로 나눠서 재는 방법은 어때요? 앉은키를 잴 인형들과 선키를 잴 인형들을 따로 나눠서 키를 재고, 각각 키가 가장 큰 인형을 찾아요."

"그럴까? 중현이가 아주 멋진 생각을 했네."

"그럼 먼저 앉아 있는 인형들의 키를 재 볼게요."

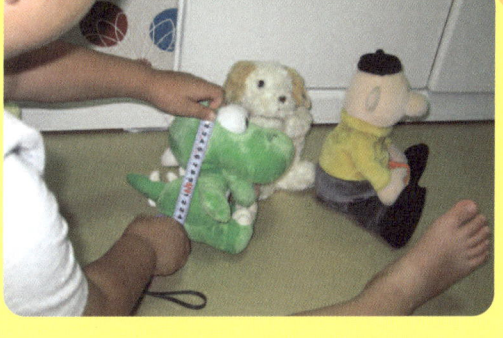

"엄마 앉은키를 잰 인형들의 키를 공개할게요! 팻 22cm, 강아지 18cm, 크룡 16cm, 노란 토끼 22cm로 팻과 노란 토끼가 공동 1등, 강아지가 2등, 크룡이 3등이에요."

"정말 그러네. 이번엔 선키를 잴 인형들을 가져올게."

뱀뱀이
엽기토끼
오리
고양이버스

"자 이번엔 그럼 서 있는 인형의 키를 잴 순서입니다. 엄마 잘 잡아 주세요. 이제 잽니다."

그렇게 쟀더니 엽기토끼 34cm, 오리 34cm, 고양이버스 18cm, 그리고 기다란 뱀뱀이는 275cm였답니다. 아무도 뱀뱀이를 따라갈 순 없겠죠?

"엄마, 인형 키를 재면서 길이를 배워서 참 즐거웠어요. 의자 위에 올라가서 엄마보다 내 키가 더 크다고 말하곤 했었는데, 그 말이 얼마나 어리석었는지 알겠어요."

"그런 생각이 들었구나. 그래, 키를 잴 때는 시작점이 같아야 해. 중현이는 나중에 엄마보다 훨씬 클 거야. 그날이 기대되는데."

2. 높은 성 어디까지 쌓을 수 있을까?

놀이의 목표 ▶ 길이의 단위와 그 관계를 알기, 길이의 합과 차 구하기
놀이 준비물 ▶ 쌓을 수 있는 물건들, 줄자, 연필, 종이

"엄마, 센티미터보다 크거나 작은 단위도 있어요?"

"그럼 있지. 1cm가 100이면 100cm지? 100cm를 1미터(m)라고도 해."

"그럼 센티미터보다 작은 것도 있어요?"

"응. 자를 보면 1cm와 2cm 사이에 작은 눈금 보이지? 눈금이 몇 개야, 중현아?"

"세어 보니 10개예요. 엄마."

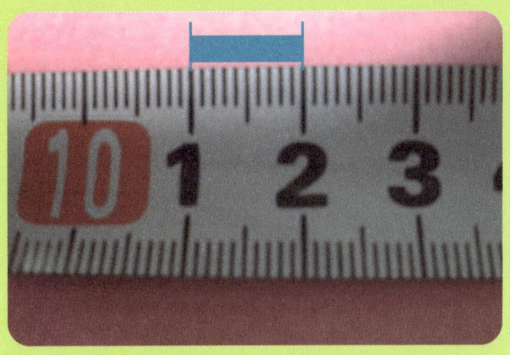

"그렇지? 1cm보다 작은 단위는 밀리미터(mm)라고 하는데, 10mm가 1cm란다."

"1m는 100cm, 1cm는 10mm라는 말이죠? 적어 놔야겠어요. 안 잊어버리게요. 그런데 오늘은 어떤 놀이를 할 거예요?"

"중현이랑 엄마랑 집에 있는 물건으로 성을 쌓아 보자. 이름하여 성 쌓기 시합이지."

"그럼 잘 쌓아지는 걸로 골라와야겠어요."

"그렇지. 쌓을 물건을 6개씩 찾아오자."

"엄마! 작은 서랍장, 책, 보드게임 상자, 휴지걸이, 계단식 의자 가져왔어요. 잠깐만요. 레모나 통도 가져올게요."

"엄마는 피아노 의자, 라면 상자, 책, 보드게임 상자, 나무 상자, 화장품 통을 가져왔지. 먼저 이 물건들 높이를 재 볼까?"

"그래요, 엄마. 일단 한 개씩 길이를 재고, 성을 쌓은 후 높이랑 같은지 알아보는 것도 재미있을 것 같아요."

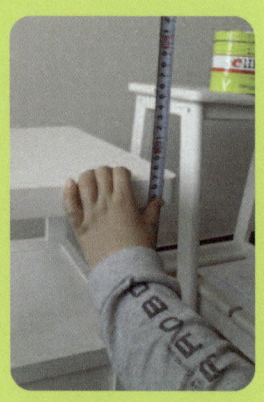 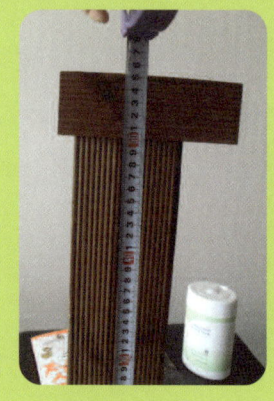

"엄마, 내 실력이 어때요? 제가 이렇게 높게 쌓았어요."

"엄마도 다 쌓았어. 중현아. 우리 내려와서 볼까?"

"나도 높게 쌓았는데 엄마가 더 높네요. 아웅."

"진짜 엄마 성이 더 높네. 이제 의자 위에 올라가서 성 전체 높이를 재 보자."

"알았어요, 엄마. 누가 이겼는지 정확하게 알려면 자로 재 봐야지요?"

"그럼, 그럼. 우리가 얼마나 높게 쌓은 걸까? 기대된다."

"엄마, 제 성의 높이는 215cm예요. 엄마는요?"

"응, 엄마는 232cm네. 엄마가 조금 더 높다."

"아니에요. 저 더 높이 쌓을 수 있어요. 휴지걸이 앞 곰돌이를 더 위로 쌓으면 돼요."

"좋은 생각이긴 한데, 이미 정해진 시간이 다 지났어. 조금 일찍 생각했으면 좋았을 걸 아쉽다. 엄마는 232cm이고, 중현이는 215cm이니까 엄마가 몇 cm 더 높은 걸까?"

"그건 쉬워요. 232에서 215를 빼면 되니까요. 17cm 엄마가 더 높아요."

"오우, 잘했다. 그럼, 아까 우리가 잰 물건들의 길이 합을 계산해서 우리가 쌓은 성의 높이와 같은지 볼까? 계산이 어렵지? 엄마가 도와줄게. 하나하나 해 보자."

중현이가 쌓을 것
1. 작은 서랍장 ~ 47cm
2. 계단식 의자 ~ 55.5cm
3. 휴지걸이 ~ 25.5cm
4. 책 ~ 35.5cm
5. 레모나 통 9.5cm
6. 보드 놀이 상자 ~ 42cm
2m 15cm ← 215cm

< 엄마가 쌓은 것 >

1. 피아노 의자 — 48cm

2. 라면 상자 — 39.5cm

3. 책 — 30.5cm

4. 보드게임상자 — 42cm

5. 나무 상자 — 55.5cm

6. 화장품통 — 16.5cm

　　　　2m 32cm ← 232cm

"엄마, 오늘 정말 많은 것을 배웠어요. cm만 있는 줄 알았는데 m와 mm가 있다는 것도 알았고요. 직접 물건의 길이를 재고 길이를 계산하니까 훨씬 더 쉬웠어요."

"그렇구나. 그렇게 멋진 것들을 알았으니 중현이 성이 조금 더 낮다고 실망하기 없기다."

"걱정 마세요, 엄마. 전 그저 재미있기만 한걸요."

3. 내 손이 자가 되었어요!

놀이의 목표 ▶ 단위길이를 이용해 길이 어림하기
놀이 준비물 ▶ 플라스틱 자, 줄자, 어림할 물건들, 연필, 종이

"중현아, 자가 없었던 옛날에 사람들은 어떻게 길이를 쟀을까?"

"저라면 모두 같은 길이의 끈을 갖고 다니면서 '끈 하나만큼, 두 개만큼' 하는 식으로 쟀을 것 같아요."

"와, 중현이는 정말 생각쟁이다. 옛날 로마 사람들은 자신의 신체를 이용해 길이를 쟀었대. 그런데 사람마다 신체 길이가 다르니 얼마나 혼란스러웠을까?"

"지금은 자가 있어서 참 다행이에요."

"맞아. 옛날 사람처럼 우리도 몸을 이용해서 길이를 재 볼까? 대신 우리는 몸과 자를 함께 이용해 보자."

"어떻게요? 그런 방법도 있어요?"

"우선 몸에서 1cm가 되는 곳이 어디 있나 찾아보자. 자의 1cm를 잘 보고 중현이의 몸도 잘 살펴보는 거다."

"엄마, 찾았어요! 손가락 한 마디가 정확히 1cm예요."

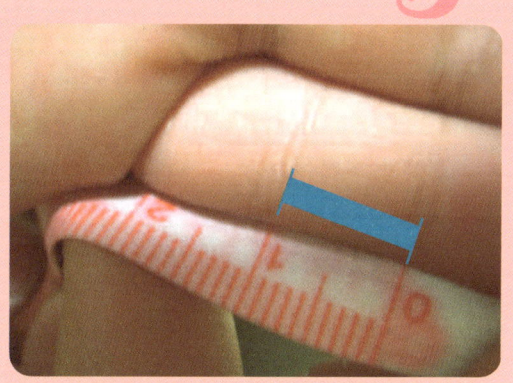

"잘 찾았다. 그럼 우리 몸을 이용해서 어림하는 놀이를 해 볼까? 손과 발이 자가 되는 거야. 그럼 우선 한 뼘과 발의 길이를 재 보자."

"제 발길이는 19cm고, 한 뼘은 14cm예요. 엄마는요?"

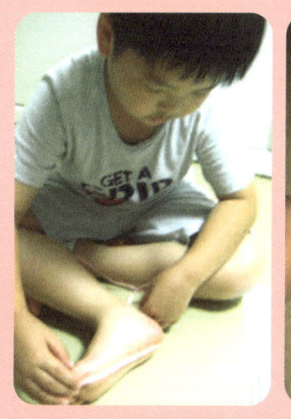 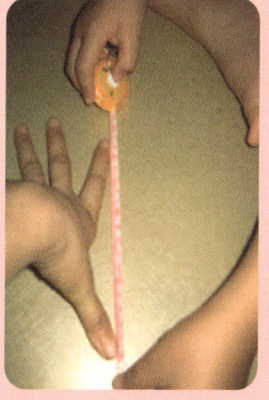

"엄마 발길이는 21cm이고 한 뼘은 16.5cm야. 중현아, 물체의 길이를 재는 데 기준이 되는 길이를 단위길이라고 해. 중현이는 뭘 단위길이로 사용할래?"

"전 한 뼘 길이, 발의 길이, 손가락 마디 길이까지 다 사용해서 길이를 어림해 볼게요."

"그래, 그러자. 그럼 우리가 어림할 물건을 가져와야겠네. 출발!"

 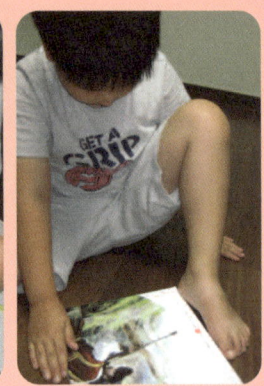

"엄마! 연필, 장승, 큰 책, 필통, 작은 책, 피아노 의자를 가져왔어요. 이것들을 어림해 봐요."

"그럼 일단 종이에 어림할 물건 이름과 어림한 길이를 적어 보자."

"중현아 엄마는 다 적었어. 중현이도 다 되었어?"

"예, 엄마. 그럼 이번엔 자로 재어서 정확한 길이가 얼마인지 알아볼까요?"

"그래. 오차가 적은 사람이 이기는 거다."

"알았어요. 엄마."

"좋아요. 1m 길이 찾기는 제가 더 잘 찾을 수 있을 거예요. 엄마 줄자 가져오세요. 여기가 1m 정도 되는 것 같아요."

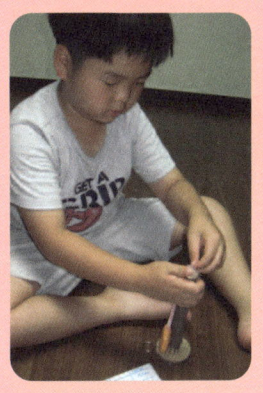

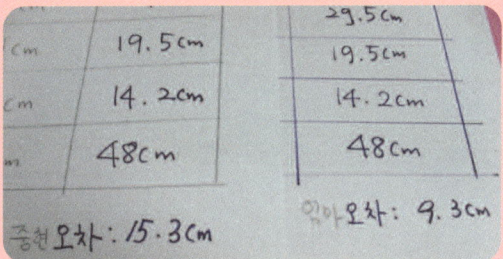

"그래? 엄마가 찾은 의자 높이는 58cm밖에 안 되는데 중현이가 찾은 곳의 길이는 정확하게 1m인걸. 그럼 엄마랑 오늘은 무승부다."

"어림하여 재기는 평소에 몰랐던 손가락 길이, 한 뼘의 길이 등을 알 수 있어서 좋았어요. 앞으로는 어림하기로도 길이를 비슷하게 잘 잴 수 있을 것 같아요. 고맙습니다, 엄마."

"중현아, 엄마가 어림한 길이가 실제 길이와의 오차가 적으니까 엄마가 이겼네. 다음에 한 번 더 하면 중현이가 엄마보다 훨씬 잘할 것 같아. 아쉬우니까 우리 집에서 1m 되는 길이를 찾아볼까?"

4. 크다고 몸무게가 많이 나가요?

놀이의 목표 ▶ 무게를 알고 양팔저울이 되어 무게 어림하기
놀이 준비물 ▶ 저울, 저울에 잴 물건들

"중현아, 중현이 몸무게가 몇 킬로그램(kg)이나 되지?"

"엄마, 신사에게 몸무게를 물어보는 건 실례예요."

"어머 그건 숙녀 아니었니? 그래도 무게가 무엇인지는 알지?"

"무게요? 무거운 정도 아닐까요? 아님 저울에 달아서 나오는 숫자요?"

"그렇게도 생각할 수 있겠다. 그러나 무게를 이야기하려면 알아야 할 게 있지? 바로 지구 중심에서 물체를 끌어당기는 힘인 중력! 무게는 중력의 크기란다."

"엄마가 얘기하니까 책에서 읽은 내용이 생각나요. 그래서 지구와 달에서의 무게가 다르다고요. 맞죠?"

"그래. 달의 중력은 지구의 6분의 1이니까 우린 달에 가면 다 날씬쟁이가 되는 거야."

"엄마, 날씬쟁이는 아니에요. 중력의 힘만 덜 받지, 부피는 여전한 거 아니에요?"

"엄마는 부피가 큰 것이 더 무겁다고 생각했는데?"

"다 그렇지는 않을 걸요? 엄마, 보세요. 풍선을 여러 개 모은 게 부피는 커도 유리병보다 가벼워요."

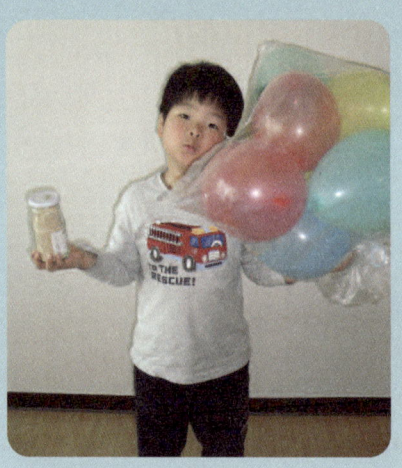

"아, 그렇구나. 중현이가 엄마보다 한 수 위인걸? 우리 그럼 지구 중심에서 잡아당기는 중력에 반항해 볼까?"

"엄마도 참. 물건 드는 걸 가지고 중력에 반항하다니요."

"표현이 좀 그랬나? 일단 집 안의 물건을 모아 보자."

"엄마, 다 모았어요. 중력에 저항하려면 제 손으로 번쩍 들면 돼요?"

"그냥 들지만 말고 중현이가 양팔 저울이 되서 무게를 달아 보자."

"엄마, 저 양팔 저울 잘하죠? 오르골이 더 무거워요. 이쪽으로 기울어야겠어요. 휴지는 크기는 크지만 화분보다 가벼워요."

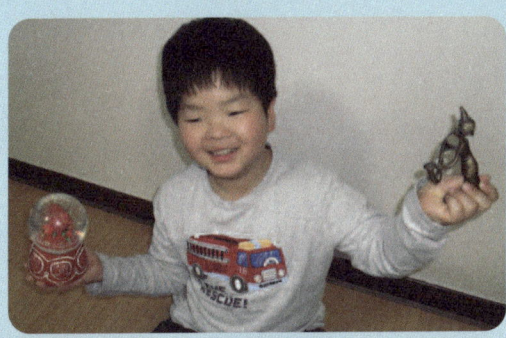

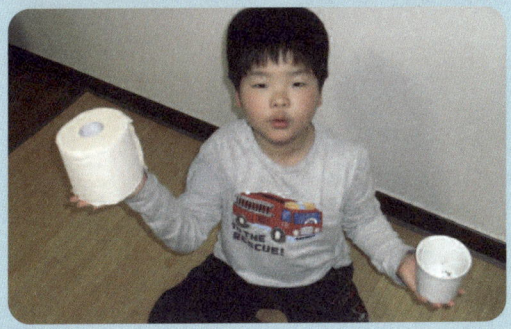

"잘했어. 중현이가 들어 본 8개의 물건들을 가장 무거운 것부터 순위를 정할 수 있을까?"

"엄마, 제가 진짜 저울이 되는 거네요. 음, 오르골이 가장 무거워요. 어? 화분이랑 허브차병은 아무리 들어 봐도 모르겠어요."

"중현이가 무게를 잰 것이 맞나, 틀리나 저울로 재 보자. 중현이 이유식 할 때 산 저울인데 여러모로 요긴하게 쓰이는걸. 저울도 자와 같은 방법으로 눈금을 읽는데, 대신 무게의 단위는 그램(g)이야. 눈금 하나에 10g씩이지? 이제 읽을 수 있겠어?"

"물론이죠. 만약 제가 실수하면 엄마가 도와 주세요."

"중현이가 젤 무겁다고 했던 오르골 무게는 과연 몇 g일까? 저울에 올려 보자."

"중현이가 아까 화분과 허브차병 중 어느 것이 더 무거운지 모르겠다고 했지? 무게를 달아보니 270g으로 똑같네. 그래서 그랬나 보다."

"와, 신기하다. 저울은 정확한 무게를 알려 주네요."

"오르골 740g, 양초 590g, 악기 부는 사람상 350g, 공 모양 큐브 300g, 화분과 허브차병 270g, 시계 240g, 휴지 160g 순이에요."

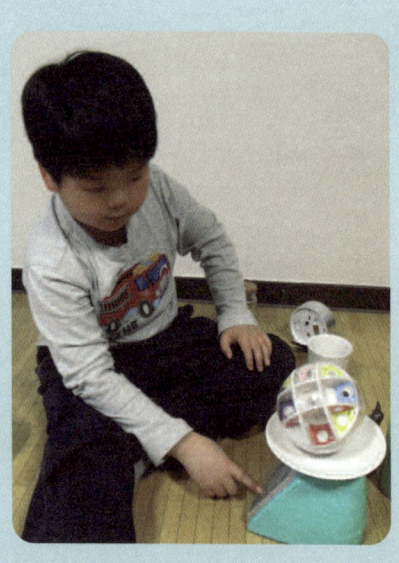

"중현이 양팔 저울이 정확하게 무게를 맞혔네. 중현이는 중력에 민감한 신사인가 보다."

"엄마랑 놀이를 하니 오래 기억할 수 있겠어요. 내가 생각하는 무게는 몸무게뿐이었는데 새로운 것을 알게 되서 참 좋았어요."

"중현이가 조금씩 알아 가는 모습에 엄마도 행복해. 다음에도 더 즐거운 놀이하자."

5. 긴바늘이 4에 있으면 4분 아니에요?

놀이의 목표 ▶ 60진법을 이해하고 시계 보는 법 익히기
놀이 준비물 ▶ 종이시계 만들 재료(두꺼운 색지나 부직포, 할핀, 매직), 징검다리 만들 재료(스티커와 종이), 시계

"중현아, 엄마가 시계 하나 만들었는데 몇 시인지 알아맞혀 봐."

"와, 쉽지만은 않네요. 1시부터 4시까지라, 그럼 둘을 더해서 5시간인가요?"

"어? 시계가 조금 이상한데요? 왜 바늘이 하나예요? 지금 시간요? 한 시요."

"1시는 맞았어. 그런데 '지금 시간'이라는 말은 잘못됐어. '지금 시각'이라고 해야 맞단다."

"시간과 시각은 어떻게 달라요?"

"시각은 시간의 어느 한 시점을 말하는 거고, 시간은 시각과 시각의 사이를 뜻해. 그러니까 시각 1시부터 시각 4시까지는 몇 시간인가? 이렇게 말해야 해."

"그렇게 오해할 수도 있겠다. 엄마랑 시계를 가지고 한바탕 놀다 보면, 시계 보기의 달인이 되어 있을 거야. 지금 오해한 것도 잘 알게 되겠지. 놀이를 시작해 볼까?"

"예, 엄마. 좋아요."

"중현아, 이게 몇 개야?"

"그래. 이제 몇 시인지는 읽을 수 있겠지? 다음은 긴바늘까지 있는 시계가 등장할 거야."

"예, 엄마. 이래야 진짜 시계 같죠."

"공깃돌이 네 개, 두 개니까 전부 여섯 개예요."

"그렇지? 여섯 개는 숫자로 몇이지?"

"6이죠."

"시도 같아. 1은 하나니까 한 시, 2는 둘이니까 두 시, 3은 셋이니까 세 시……."

"그럼 10은 열이니까 열 시, 11은 열하나니까 열한 시겠군요."

"응. 짧은바늘은 시를 알려 주는 바늘이거든."

"엄마, 짧은바늘을 6으로 돌리면 6시가 되는 거 맞죠?"

"이건 몇 시 몇 분일까?"

"이 정도는 알아요. 9시 30분이에요."

"어떻게 알았어?"

"어른들이 '30분이다'라고 할 때 시계를 보면 긴바늘이 6에 있더라구요. 자주 듣다 보니 긴바늘이 6에 오면 30분이라는 게 외워졌어요."

"그랬구나. 분을 읽는 법은 시를 읽을 때와는 달라. 긴바늘의 1(하나)은 5분을 뜻해. 먼저 징검다리 만들어서 5씩 건너뛰기 해 보자. 5개씩 붙여진 스티커가 12개가 있지? 이걸 건너면서 수를 세어 보는 거야."

"시계는 60진법을 쓰기 때문에 긴바늘이 한 바퀴를 돌면 한 시간이 되고, 그 한 시간을 분으로 나타내면 60분이야."

"엄마, 숫자 하나에 5씩 건너뛰기 하는 걸 알고 나니 시계 읽기에 자신이 생겨요. 우리 문제 내기 할까요?"

"그럼, 엄마가 시계를 돌릴 테니까 중현이가 읽어 봐. 중현이는 아침 이 시각에 일어납니다. 몇 시일까요?"

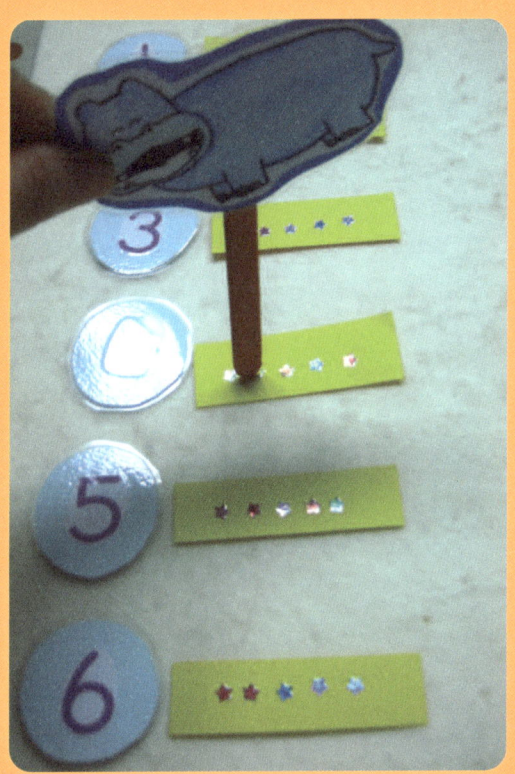

"음, 짧은바늘이 7이니까 7시구요. 긴바늘이 4에 있으니까, 5, 10, 15, 20. 이렇게 네 번 건너뛰기해서 20분이에요. 맞죠?"

"잘했어, 중현아. 그럼 다음 문제. 중현이는 어제 이 시각에 학교에서 돌아왔습니다. 몇 시일까요?"

"이건 5씩이니까 쉬워요. 구구단 5단 같아요. 5, 10, 15, 20, 25, 30, 35, 40, 45, 50, 55, 60이에요."

"엄마는 어젯밤 11시 40분에 잠이 들었습니다. 시곗바늘은 어디를 가리키고 있었을까요?"

"엄마, 6이 넘어가니까 좀 어렵긴 하네요. 그래도 징검다리 건너면서 해 봤어요. 맞아요?"

"이건 아까보다 쉬운 걸요. 1시 10분입니다."

"잘했어. 이제 반대로 엄마가 말하는 시각을 중현이가 시곗바늘을 돌려서 보여 주는 거야. 모르겠으면 징검다리 다시 건너면서 해도 돼."

"알았어요, 엄마. 걱정 마시고 문제 주세요."

"중현이가 피아노 학원 가는 시각인 5시 5분을 만들어 주세요."

"잘했어. 중현이가 시계 보기 잘하니까 시계를 더 자세히 보자. 이건 진짜 시계야. 우리가 가지고 놀던 시계랑 뭐가 다른지 알겠어?"

늘어간다는 걸 몰랐거든요. 그리고 시곗바늘 돌리며 시각을 만드는 것도 재미있어요. 제가 하나님이 된 것 같아요."

"그래. 엄마랑 놀다 보니 시계 보기가 쉬워졌지? 이제 중현이를 시계 보기의 달인으로 임명합니다."

"가만있어 보자. 엄마, 시계도 자나 저울하고 비슷해요. 숫자 사이에 작은 눈금이 있어요."

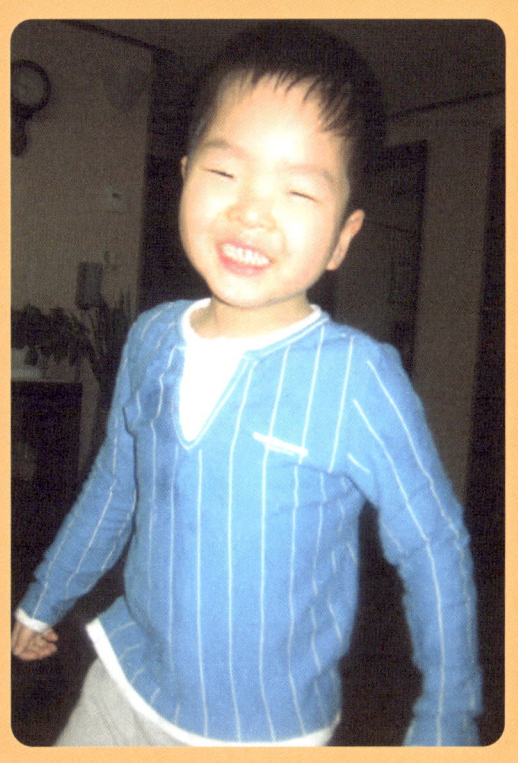

"그래 맞아. 5칸 있지. 작은 눈금 1개는 1분이야. 이제 중현이는 5분, 10분뿐 아니라 4분, 18분이라는 시각도 읽을 수 있겠다."

"엄마, 이렇게 금방 시계를 읽게 될 줄은 몰랐어요. 긴바늘이 가리키는 1, 2, 3, 4의 의미를 알고 나니 시계 보는 일이 아주 쉬워요. 전에는 긴바늘이 가리키는 1이 5분씩

6. 1시간 20분은 120분이에요?

놀이의 목표 ▶ 시간에 관한 기초 지식을 알고 시간 계산하기
놀이 준비물 ▶ 주사위 2개, 시계, 펜과 종이

"중현아, 우리 이제 시간이랑 놀아 볼까?"

"시간이랑 놀아요? 어떻게요?"

"일단 1분이랑 놀자. 중현이와 엄마가 춤을 추다가 1분이 됐다고 생각되면 멈추는 거야. 어때?"

"어? 벌써 멈췄어? 48초밖에 안 되었어. 생각보다 1분이 길지? 그럼 이번엔 1분의 반인 30초랑 놀아 보자. 중현아 30초 동안 뭘 하고 싶어?"

"눈을 감고 있다가 30초가 된 것 같다 싶으면 눈을 뜨는 거 어때요?"

"오우, 좋은 생각이다. 자, 시작!"

"좋아요. 뭐 1분은 금방일 테니까요. 엄마 핸드폰 스톱워치로 정확하게 재야 해요."

"어때? 30초는? 30초도 생각보다 길지? 이번엔 3초 할까? 3초 동안 눈 깜박거리지 말고 3초가 되었다 싶은 순간 눈을 깜박이는 거야."

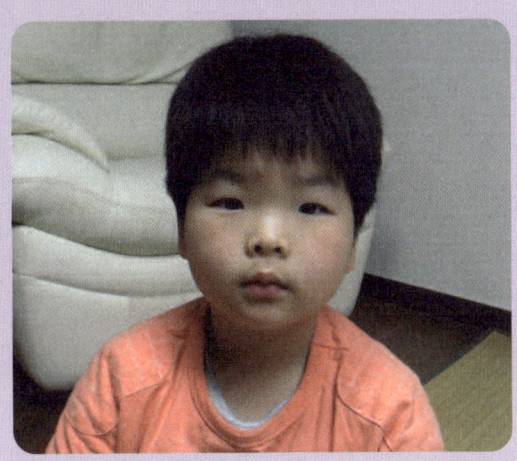

"시간이랑 노니까 재미있지? 이번엔 더 재미있는 시간 놀이해 볼 건데 기대되지?"

"엄마가 시계랑 주사위 갖다 놓은 거 봤어요. 주사위 굴리면서 시계 보기할 거예요?"

"이제 놀이해도 되겠다. 중현이가 시간 계산을 잘해 줘서 더 흥미진진할 것 같은데? 우선 주사위를 굴리면서 시계를 가게 해 주는 거야. 주사위에 나온 수 하나가 10분이야. 기준 시각은 3시고. 그러니까 주사위를 굴려서 3이 나오면 중현이 시계는 30분을 가는 거지. 3시에서 30분이 흐른 거니까 3시 30분이 되겠지. 일단 중현이 혼자 한 번 해봐."

"엄마, 주사위가 6이 나왔어요. 그럼 60분 가면 되죠? 60분은 한 시간이니까 4시가 돼요. 또 5가 나왔으니까 50분 가면 4시 50분이네요. 맞죠?"

"응, 중현아 아주 잘하고 있어. 또 굴려 봐."

"응. 시계 2개와 주사위 2개로 즐겁게 놀아 보자. 1시간은 60분이니까 60분이 넘으면 60+□분으로 나누어서 계산하면 돼. 중현아, 그럼 80분은 몇 시간 몇 분이지?"

"80분은 60분과 20분이니까 1시간 20분이에요."

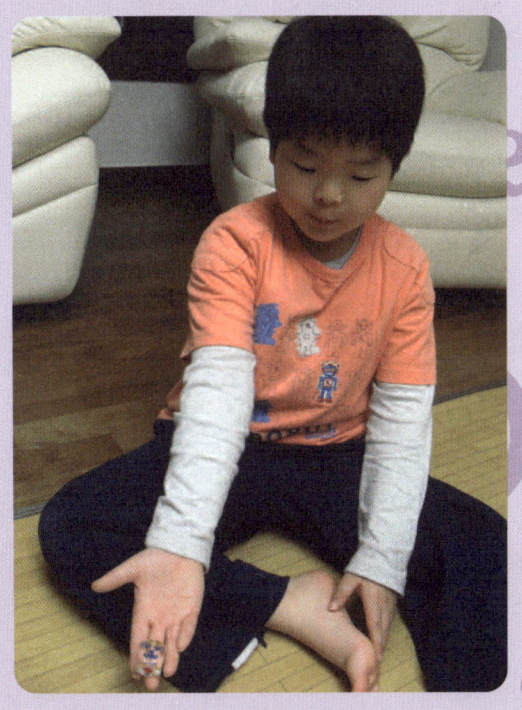

"이번엔 2가 나왔어요. 20분 또 가요. 4시 50분에서 10분, 20분 가니까 5시 10분이에요. 또 5가 나와서 50분 가니까 6시예요. 벌써 6시까지 왔어요."

"한 번만 더 해보자."

"예. 또 2가 나왔어요. 그럼 20분 가야 해요. 6시에서 20분이니까 6시 20분이 되었네요."

"그래. 3시에서 3시간 20분이나 흘러갔네. 3시에서 시계가 가서 6시 20분이 되었으니까."

"이번엔 엄마랑 같이 주사위 두 개로 할까? 중현이가 던진 주사위는 오른쪽으로 가는 시간이고, 엄마가 던진 주사위는 왼쪽으로 되돌아가는 시간이 될 거야. 역시 처음 시작 시각은 3시이고."

"그거 재미있겠어요. 시곗바늘이 더 많이 간 쪽이 이기는 건가요?"

"그래, 그렇게 하자. 3시가 시작점이니까 주사위를 5번씩 던진 후의 시각을 보면 알겠지."

"엄마, 내 주사위 4가 나왔어요. 그러니 3시 40분이죠? 엄마 던지세요."

<중현이 혼자 했을 때> - 출발 - 3시

+60	4시
+50	4시 50분
+20	5시 10분
+50	6시
+20	6시 20분

< 3시간 20분 >

"응, 엄마도 주사위 4가 나왔네. 40분 뒤로 간다. 다시 3시가 됐구나."

"엄마, 이번엔 6이 나왔어요. 그러니 4시가 되었어요."

주사위를 하나 씩<출발-3시>					
중현이	+40	+60	+50	+50	+10
엄마	-40	-50	-10	-20	-30
시각	3시	3시10분	3시 50분	4시 20분	4시

<1시간>

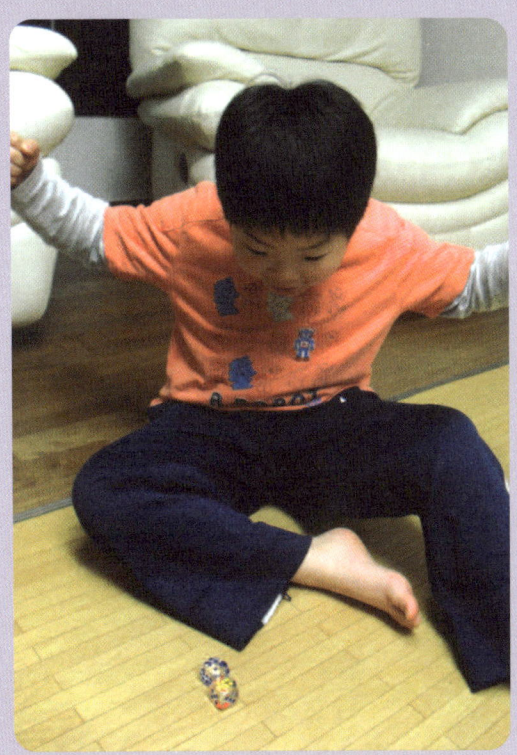

"어른들이 시계를 보면서 하는 말들이 이해가 잘 안 됐었는데 이젠 알겠어요. 시각과 시각을 더하고 빼는 법도 알겠어요. 예전엔 1시간 20분이 120분인 줄 알았는데, 지금 생각하니 좀 창피한걸요."

"호호. 재미있는 놀이를 통해 이제 알았으니까 괜찮아. 그런 중현이가 더 멋져."

"엄마는 5가 나왔거든. 50분 뒤로 되돌린다. 3시 10분이네."

"5번 다 던졌다. 중현이랑 엎치락뒤치락한 것 같은데 중현이가 이겼네. 시계가 벌써 4시에 와 있는걸. 3시에 출발했는데 벌써 1시간이나 지났어. 주사위 던지고 시계를 가게 하는 중현이 실력이 보통이 넘는걸. 잘했어."

이제 직접 다양한 수학놀이를 해 보세요. 엄마와 함께 놀이를 하듯 수학을 접하면 수학이 더욱 재밌어진답니다.